1789 KOEHLER & AMELANG 1806

Helga Schmiedel

Berüchtigte Duelle

Koehler & Amelang

Mit einem Beitrag
»Das Duell aus sozialwissenschaftlicher Perspektive«
von Dr. phil. habil. Friedhelm Guttandin, Hagen

Die Deutsche Bibliothek – CIP-Einheitsaufnahme

Schmiedel, Helga:
Berüchtigte Duelle / Helga Schmiedel. – 1. Aufl. – Berlin ;
Leipzig : Koehler und Amelang, 1992
Enth. außerdem: Das Duell aus sozialwissenschaftlicher Perspektive /
von Friedhelm Guttandin
ISBN 3-7338-0114-8
NE: Guttandin, Friedhelm: Das Duell aus sozialwissenschaftlicher
Perspektive

ISBN 3-7338-0114-8

1. Auflage

Printed in Germany
Satz: Buchdruckerei Günter Buck, Berlin
Repro: Märkische Verlags- und Druck-Gesellschaft mbH Potsdam
Druck und Binden: Union-Druck Halle GmbH
Gesamtgestaltung: Horst Albrecht, Berlin

Inhalt

Einführung 7
Zu Duellregeln 16

Berüchtigte Duelle 23
Heinrich III. 25
Gottfried Heinrich Graf zu Pappenheim 28
Hans Jakob Christoffel von Grimmelshausen 31
Jean de la Fontaine 36
Giovanni Giacomo Casanova 39
Andrew Jackson 42
Wilhelm von Humboldt 47
Alexander Puschkin 51
Michail Lermontow 61
Heinrich Heine 68
Alexandre Dumas d. Ä. 73
Friedrich von Hinkeldey 79
Ferdinand Lassalle 84
Otto von Bismarck / Rudolf Virchow 95
Erzherzog Rudolf von Österreich 107
Sarah Bernhardt 110

Friedhelm Guttandin: Das Duell aus sozialwissenschaftlicher Perspektive 113

Quellen 134
Abbildungsnachweis 136

Einführung

Das Duell ist ein aus unserer Zeit verschwundenes, gleichwohl nicht vergessenes Phänomen, denn das Treffen der unversöhnlichen Gegner auf einsamen Waldlichtungen in frühen Morgenstunden mit tödlichen Waffen war stets mit etwas Geheimnisvollem verbunden, das sich dem Blick der Öffentlichkeit weitgehend entzog. Es wurde zum öffentlichen Skandal, zum aufsehenerregenden Dilemma. Der Kampf um die verletzte Ehre – welche inneren Kämpfe bewirkte er: Herausforderung und Rivalität, Angst und Zuversicht, immer aber Spiel mit Können, Zufall, Glück und Tod. Warum konnte das Duell bis in unser Jahrhundert hinein eine so blutige und fast alltägliche Realität sein? Warum faszinieren Duelle noch heute?

Zweikämpfe gab es bereits in der Antike. Nirgends werden sie aber als Ehrenzweikämpfe erwähnt. Sie dienten der Erprobung von Mut und Kraft oder der Entscheidung von Kriegen. So ist bei Homer von den Zweikämpfen der griechischen und trojanischen Helden zu lesen. Die jüdische Geschichte berichtet von David und Goliath. Ab 264 v. Chr. sind Zweikämpfe in den von Rom beherrschten Gebieten überliefert. Es waren Zweikämpfe zur Volksbelustigung, Mann gegen Mann oder Mensch gegen Tier, veranstaltet von den herrschenden Gesellschaftsschichten. Sie hörten teils unter griechischem, vor allem aber unter christlichem Einfluß auf und wurden schließlich strikt verboten.

Auch bei den germanischen Stämmen war es lange üblich gewesen, Streitigkeiten durch Zweikämpfe zu entscheiden. Grundlage dafür war die nordgermanische Rachesitte. Als germanische Fürsten das Erbe der römischen Kaiser in Italien antraten, wurde das Verbot der Zweikämpfe aufrechterhalten. Verfechter dieses Verbotes war vor allem der König der Ostgoten, Theoderich (um 464 bis 526).

Duelle im eigentlichen Sinne beginnen erst am Anfang der Neuzeit als unmittelbarer Teil des Zivilisierungsprozesses, dennoch enthalten sie einige archaische Elemente, insbesondere den Glauben an den Kampf als »fertige« Entscheidung.

Vorläufer des »modernen« Duells waren erstens »*Gottesurteile*« im gerichtlichen Zweikampf (Hinweise darauf sind schon in der Bibel und von den Persern überliefert), wobei über Schuld oder Nichtschuld eines Angeklagten in einem Rechtsstreit befunden wurde. Der Ausgang stellte zwar ein äußeres, aber unwiderlegbares Beweismittel dar, weil es von »Gott herbeigeführt« wurde. Auch wer sich nicht zum Kampf stellte, machte sich schuldig und hatte seine Ehre verloren. Das älteste bekannte Gesetz, das den Zweikampf erwähnt, erließ 501 Gunobad von Burgund. Er faßte auch die verschiedenen Arten des Gottesurteils im Kodex »Loi Gombette« zusammen. Gegen den gerichtlichen Zweikampf stellten sich schließlich aufgeklärte Fürsten, wie Karl der Große (742 bis 814), und auch geistliche Würdenträger, wie Nikolaus I. Durch Einführung geordneter Rechtsverhältnisse und Verbesserung der Mittel zur Beweisführung konnte der Zweikampf seit dem ausgehenden Mittelalter durch eine ordentliche Gerichtsbarkeit abgelöst werden.

Zweitens trugen auch die *Turnierwettkämpfe* zur Entwicklung des »modernen« Duells mit bei. Das Turnier war ein nach Zeit und Ort vereinbartes Kampfspiel zwischen zwei Personen oder Parteien. Turniere dienten dazu, Kühnheit zu beweisen sowie die Kräfte zu messen. Die Gegner wurden meist durch das Los ermittelt. Die Zusammenkunft vieler Ritter als Teilnehmer, die oft aus weitentlegenen Gebieten eintrafen, erforderte erhebliche Vorbereitungen sowie Kosten. Die Turniere wurden meist mit großem Aufwand und großer Pracht durchgeführt. Ihre Zeit endete spätestens Anfang des 16. Jahrhunderts.

Drittens war die *Fehde* mit von Entscheidung für das Entstehen des Duells. Bei der Fehde hatte der Adel das Recht, seine Angelegenheiten ohne höhere »Aufsichtsinstanz« selbst durch Kampf zu regeln (Auf dieses alte Recht beriefen sich die Duellbefürworter gegenüber allen Verboten.) Als besondere Form existierten außerdem zu Ende des Mittelalters in einigen deutschen Städten privilegierte Kampfgerichte, vor denen Adlige ihre Privathändel ausfechten konnten.

In letzter Zeit gab es neue wissenschaftliche Dispute darüber, ob das moderne Duell germanischen oder romanischen Ursprungs sei. Alte Quellen siedeln den Ursprung in romanischen Ländern an. Die Fürsten in Italien hätten in der Zeit der Renaissance zunächst als höfischen Zeitvertreib Duelle veranstaltet und dadurch ihre Verbereitung gefördert. In Spanien seien die ersten Duelle um 1460 ausgetragen worden. In Frankreich breitete sich das Duell ab 1550 besonders drastisch aus. Und Frankreichs Einfluß reichte nach Deutschland, wo französische Sitten und Gebräuche nachgeahmt wurden. Hier verbanden sich fremdländische Formen vermutlich mit Elementen der Zweikämpfe der alten germanischen Stämme. In Deutschland sind erste Duelle in der zweiten Hälfte des 16. Jahrhunderts nachzuweisen, die sich dann im 30jährigen Krieg, vor allem infolge des Versagens einer geordneten Rechtssprechung und des Verfalls der Sitten, rapide ausbreiteten.

Während der gerichtliche Zweikampf als ein angeordneter Kampf zweier Personen angesehen werden kann, ist das Duell ein zwischen zwei Personen verabredeter Kampf auf Grund einer Beleidigung.

Aus ethymologischer Sicht hat das Wort Duell seinen Ursprung in der altlateinischen Form *bellum* (Krieg). Und das mittellateinische *duellum* hat bereits auch die Bedeutung von »Zweikampf«, denn es wurde mit *duo* (zwei) in Verbindung gebracht. Im Mittelalter hatte das Wort *duellum* einen großen Bedeutungsumfang. Hier sei das Wort zitiert für das Bekriegen – aus welchen Ursachen auch immer – zwischen Sippen oder zwei Personen. Nun hat aber der Begriff des modernen Duells mit diesem Ursprung nur noch den Umstand gemein, daß zwei Menschen wegen einer – vermeintlich – erlittenen Beleidigung gegeneinander kämpfen. Das Duell erfüllte den Zweck, Ehrenhändel persönlicher Art auszufechten, den Beleidiger zu strafen und die angeblich oder wirklich verletzte Familien-, Standes- oder persönliche Ehre wiederherzustellen.

Auf den Begriff der Ehre soll hier nicht explizit eingegangen werden. Er veränderte sich im Laufe der Zeit und innerhalb der Nationen. Welch wichtige Rolle aber einst das Duell und in diesem Zusammenhang die »Ehre« spielten, zeigt das damit gekoppelte »Ansehen« der Person. Ehrenhaftigkeit und soziales Ansehen bedingten soziale Identität, und ihr Verlust bedeutete den sozialen Ausschluß. Durch den exponierten Stand des Adels und des Offizierskorps gewann der einzelne an Sozialprestige: »man war satisfaktionsfähig« (Satisfaktion = Genugtuung). Die Satisfaktionsfähigkeit war die Voraussetzung für die Teilnahme am Duell. Aber: Der Preis dafür war die totale Unterwerfung, auch der Familien, unter den streng herrschenden Ehrenkodex. Die gekränkte Ehre – absichtlich oder unabsichtlich, oft leichtfertig herbeigeführt – mußte durch ein Duell wiederhergestellt werden, sei es durch Tod oder Verwundung des Beleidigers oder der eigenen Person, wobei Zufall und Waffengeschicklichkeit keine unwesentliche Rolle spielten. Wer sich auf Zweikämpfe einließ, mußte mit hohen Strafen rechnen; weigerte er sich jedoch, sich für seine Ehre zu schlagen, wurde er wegen Feigheit aus dem Dienst entlassen und verlor Ansehen und Ehre.

Das moderne Duell entwickelte sich besonders ab dem 18. Jahrhundert und wurde zu einer »Modeerscheinung«; das heißt, es kam zu so etwas wie einem Duellzwang, um die Standesehre zu wahren. Die Duelle waren verpflichtend vor allem für Adel und Offizierskorps, da folgende Auffassung vertreten wurde: Bei der damaligen Art der Kriegsführung waren insbesondere Offiziere der Todesgefahr ausgesetzt, und das viel stärker als die Mannschaften, weil sie diesen voranstürmten. Im Vergleich dazu wurde ein Duell als eine »Lappalie« angesehen. Berühmte Männer waren somit in Ehrenhändel verwickelt und beugten sich damit einer gesellschaftlichen Norm, um sich nicht der Ächtung auszusetzen.

Die Bekämpfung der Duelle erreichte den Höhepunkt im 19. Jahrhundert; zu dieser Zeit wurde der Zweikampf als ein »in den Adelsstand erhobener Mord« bezeichnet.

Verfolgt man die Strafgesetzgebung, so muß man feststellen, daß etliche europäische Strafgesetzbücher gar keine speziellen Paragraphen zum Duell enthielten (wie in Norwegen, den Niederlanden, Spanien, Luxemburg). In anderen

Strafgesetzbüchern wiederum gab es besondere Bestimmungen über den Zweikampf (wie in Deutschland, Österreich, Belgien, Italien, Rußland). So wurde also die Teilnahme am Zweikampf unterschiedlich bewertet und unterschiedlich bestraft: mit Geldstrafen, Gefängnis, Zuchthaus, Festungshaft oder Verbannung. Auch das Strafmaß war recht unterschiedlich in den Ländern für die gleiche Tat: sieben Tage oder sechs Monate, sogar 20 Jahre Haft.

Trotzdem läßt sich bei den Duellverboten eine gewisse Entwicklung beobachten: Anfangs wurden harte Strafen angedroht, im Laufe der Zeit aber immer mehr zurückgenommen. Und im letzten Jahrhundert – teilweise auch schon früher – wurden die verhängten Strafen gar nicht vollzogen, sondern durch einen königlichen Gnadenerweis aufgehoben. Außerdem hatten die Strafverfolgungsbehörden offensichtlich kaum ein Interesse an der Feststellung der Täter.

Neben dem weltlichen Strafrecht wurden gegen Duellanten auch das kirchliche Strafrecht herangezogen. So sah das Kirchenrecht für diesen Fall sowohl die Exkommunikation als auch die Verweigerung eines christlichen Begräbnisses vor. Außer den Duellanten konnten auch die Sekundanten und noch weitere Personen, die am Duell unmittelbar beteiligt waren (wie Unparteiische, Zeugen oder Begleiter) verfolgt werden.

In Deutschland wurde 1572 das erste strafrechtliche Verbot gegen Zweikämpfe in der kursächsischen Konstitution veröffentlicht. Und 1668 erließ der Reichausschuß strenges Duellverbot. Als Strafen wurden u. a. Landesverweis, Konfiszierung des Vermögens und bei Tötung des Gegners die Todesstrafe angedroht.

Im Bayerischen Strafgesetzbuch von 1779 heißt es:

»Art. VI.: Wenn auch im Duell keiner todt bleibt oder verwundet wird, so tritt Todesstrafe ein. – Der Körper des gebliebenen Duellanten wird vom Scharfrichter geschändet; seine Güter werden confiscirt.

Art. VIII.: Sekundanten und Kartellträger werden gleich dem Duellanten und Provokanten bestraft, es erfolge ein Duell oder nicht.

Art. IX.: Wer von Duellen etwas erfährt, muß es anzeigen bey Strafe von 1000 Goldgulden.

Art. X.: Wie Sekundanten und Kartellträger werden Aufhetzer bestraft.
Art.XIII.: Trunkenheit gibt keinen Milderungsgrund der Strafe.«

1852 erklärte das in Deutschland gültige Strafgesetzbuch bereits die Herausforderung zu einem Duell als Verbrechen. Im Widerspruch dazu stand das Militärstrafgesetzbuch für das Deutsche Reich. Für die Offiziere bestand nach wie vor Duellzwang. Kaiser Wilhelm I. formulierte in einer Ordre für das Offizierskorps 1874: »... einen Offizier, welcher imstande ist, die Ehre eines Kameraden in frevelhafter Weise zu verletzen, werde Ich ebensowenig in Meinem Heere dulden, wie einen Offizier, der seine Ehre nicht zu wahren weiß.« 1886 kam es zu einem Initiativantrag, das sich ausbreitende »amerikanische Duell« (das bedeutet einen Selbstmord auf Verabredung zwischen zwei Personen durch Losentscheid) in das Strafgesetzbuch aufzunehmen und unter Strafe zu stellen. Es zeigte sich allerdings auch hier, daß die Wege des Gesetzes »zu langsam« oder die Gesetzgeber gar nicht daran interessiert waren. Die Duelle nahmen in allen Ländern weiter zu.

Aus Frankreich ist bekannt, daß zwischen 1589 und 1607 viertausend Edelleute durch Duelle getötet wurden. Zur Bekämpfung des Duellwesens ließ König Ludwig XIII. 1627 zwei Adlige als abschreckendes Beispiel hinrichten. Zwar wurden hier sehr strenge Gesetze erlassen, aber ihre Durchsetzung nicht entsprechend vollzogen. Erst ab 1837 wurde eine neue Grundlage im Strafverfahren geschaffen. Seitdem ging die Anzahl der Kämpfe zurück, auch verminderte die Juni-Revolution die Duellanlässe.

England blieb ebenfalls vom Duellunwesen nicht verschont. 1614 wurde das erste Antiduellgesetz erlassen – aber ohne Erfolg. Selbst Staatsmänner forderten sich zum Duell heraus. Ganze Adelsfamilien starben aus. Durch Königin Viktoria und besonders Prinzgemahl Albert wurde folgende wirksame Bestimmung in das Kriegsgesetz aufgenommen: »Es ist dem Charakter der Ehrenmänner angemessen, für verübtes Unrecht oder Beleidigung sich zu entschuldigen und das Unrecht wiedergutzumachen; ebenso für den gekränkten Teil dieses anzunehmen.« Etwa ab 1840 gab es hier keine Duelle mehr.

In Schweden gab 1628 König Gustav Adolf einen Erlaß für die Todesstrafe aller Duellanten, unabhängig davon, wie der Ausgang eines Duells sein mochte. Er hatte damit Erfolg, denn durch sogenannte genossenschaftliche Ehrengerichte wurden Konflikte gelöst, und bereits das Herbeiführen eines Konfliktes galt als ehrlos.

In Rußland entstand eine besondere Situation. Hier hatte das Duell zunächst keine so große Verbreitung wie in Frankreich oder Deutschland. Einmalig ist jedoch, daß eine Gesetzgebung zum Duellverbot durch Zar Peter I. im damaligen Kriegsreglement von 1716 erlassen wurde – bevor überhaupt die ersten Kämpfe in Rußland stattfanden. Dabei stützte sich Peter der Große auf die Festlegung der Todesstrafe, die er aus anderen westeuropäischen Gesetzbüchern entnahm. Später wurde in der Militärgesetzgebung Rußlands das Duell, weil es immer weitere Kreise zog, zunächst als gesetzlich anerkanntes Rechtsmittel eingeführt, dann aber wieder mit hohen Strafen belegt.

In Österreich stellte Kaiserin Maria Theresia 1755 das Duell unter Todesstrafe. In der österreichischen Strafgesetzgebung von 1913 wurde das Duell ohne Verwundung mit sechs bis zwölf Monaten Haft, bei Verwundung mit bis zu zehn Jahren, bei Tötung mit zehn bis zwanzig Jahren geahndet.

In Spanien, wo bereits seit 1460 erste Duelle stattfanden, nahm man das Duell erst 1870/76 als Sonderdelikt in das Gesetzbuch auf, und 1909 wurden Ehrengerichte eingeführt. Gleichzeitig verschärfte man die Gesetzgebung gegen das Duell und erhöhte vor allem die Strafe gegen »Beleidiger«. Dies bewirkte, daß Duelle nur noch selten ausgetragen wurden.

Stärker als alle Strafgesetzbücher und Erlasse wirkten in ganz Europa die Antiduellbewegungen für die Abschaffung der Duelle. In Deutschland führte die Anti-Duell-Liga 1901 in Leipzig eine erste Beratung durch. Offiziell wurde sie Anfang 1902 in Kassel gegründet. In ihr waren Persönlichkeiten von Rang und Namen vereint. Genannt sei vor allem Bertha von Suttner, die mit Gleichgesinnten das Duell und seine Protagonisten scharf bekämpfte. Antiduellbewegungen gab es ebenso in Italien, Spanien, Frankreich, Österreich, Ungarn und Polen. In den einzelnen Ländern führten sie Aufklärungsarbeiten durch und reichten Vorschläge für die Duellbekämpfung an die Gesetzgeber ein.

Auf dem 1. Kongreß der internationalen Anti-Duell-Liga, der 1908 in Budapest stattfand, sagte François Süss (Wien): »Wir alle, die wir uns hier versammelt haben, um das Duell zu bekämpfen, müssen uns zweierlei Punkte vor Augen halten; nämlich daß wir wohl einerseits die sichtbaren Folgen des Duells und dessen Erscheinungen bekämpfen müssen, daß wir aber andererseits auch dem Duellunfug den Boden entziehen müssen, auf dem er wuchert... Wollen wir daher die Jugend in den Ideen der Antiduellbewegung erziehen, so müssen wir vor allem Hebel an diesen Punkten ansetzen, wenn wir die Änderung der modernen Gesellschaftsordnung herbeizuführen bestrebt sind, in der das Duell keine führende Rolle mehr spielt. Wir müssen aber auch darum bedacht sein, uns so zu stärken, daß Duellgegner nicht mehr geringschätzend betrachtet werden dürfen und so jene Schar von Feigen, die sich bisher schämten, sich als Duellgegner zu bekennen, auch uns beitreten, und bei Bekämpfung der Eitelkeit können uns Frauen, besonders die jungen Frauen, einen großen Dienst leisten, indem sie nicht mehr denjenigen als ritterlich ansehen, der seine Ehre mit Waffen in der Hand verteidigt...«

Nicht zuletzt also richtete sich die Aufklärungsarbeit auch an die Frauen, die nicht selten der Grund für die meisten Duelle waren, wobei nicht unerwähnt bleiben soll, daß sich auch Frauen selbst »Duelle« geliefert haben.

Es bleibt die Frage: Warum konnte der Zweikampf überhaupt ein solches Phänomen werden?

Eine wichtige Ursache wird in der gesellschaftlichen Funktion der »satisfaktionsfähigen Gesellschaft« von 1871 bis 1918 – der Formalisierung – liegen: der hierarchisch gegliederten Unterscheidung zwischen Menschen der höheren und der niederen Schicht. Und das Ritual des Duells (wie andere Oberschicht-Rituale auch) hob die »Oberen« aus der Masse empor, was zugleich auch ein Mittel der Distanzierung war: zu ständigem Selbstzwang ebenso wie zu erhöhtem Selbstwertgefühl. Man war den anderen überlegen, man war menschlich »besser«, man gehörte zur »guten Gesellschaft«. Und diese Gesellschaft war in ein engmaschiges Netz von Regeln eingezwängt: Einerseits waren ihr schwere Versagungen auferlegt, andererseits hatte sie dem Erreichen oder Bewahren des eigenen höheren Status zu dienen. Und somit hatten auch die Risiken des Duells keinen anderen Sinn als diesen.

Der am Ende des ersten Weltkrieges beginnende politische, wirtschaftliche und soziale Umbruch führte das Duell ad absurdum. Obwohl vereinzelt danach von Duellen berichtet wird, ist deren Zeit seit Beginn der Materialschlachten des ersten Weltkrieges vorbei. Ein ritualisierter »vornehmer« Zweikampf auf Leben und Tod hatte angesichts des Massensterbens in den Schützengräben allen Sinn verloren. Mit dem Niedergang der Monarchie mußte auch der Adel und das Offizierskorps, die Hauptstützen des Duellwesens, ihre politisch wie sozial vorherrschende Rolle aufgeben.

In chronologisch geordneter Auswahl sollen dem Leser im folgenden einige spektakuläre Zweikampfgeschehen aus einem langen geschichtlichen Verlauf verschiedener Epochen und unterschiedlicher Rechtssysteme vorgestellt werden. Obwohl das erste Geschehen unter Heinrich III. im exakten Sinn noch kein Duell war, gehört auch dieses zur historischen Entwicklung vom Zweikampf zum modernen Duell, das bis heute – abgewandelt und verändert – durch uns wachgehalten wird. Und möglicherweise beantwortet sich so die Frage, warum uns heute noch Duelle faszinieren.

Vielleicht ist es romantische Rückwendung an ein Phänomen, weil es fast verschwunden ist.

Vielleicht ist es der Schauder des Geheimnisvollen jeder einzelnen Duellgeschichte, die für sich Geschichte gemacht hat.

Vielleicht ist es auch Reminiszenz an einzelne Aspekte des Duells, die bis heute – in anderer Form zwar – befriedigt werden, wie beim sportlichen Zweikampf oder beim Rede-Duell: Herausforderung und Rivalität; Spiel oder Kampf; Einsatz und Mut; Niederlage, aber auch Sieg.

Zu Duellregeln

»Die Duellfrage hat aller Zeiten das Gewissen und den Verstand des ehrlich und gerecht Denkenden beschäftigt, und doch waren alle Maßregeln, die die Gesetzgeber seit den ältesten Zeiten trafen, nur vergebliche Versuche, den Zweikampf auszurotten. Sie waren wirkungslos und mußten es sein; denn sie richteten sich stets mehr gegen die Folgen des Duells als gegen sein innerstes Wesen, gegen die Ursachen und die veranlassenden Momente...«, schrieb Luigi Barbasetti im »Ehren-Codex« 1898.

Trotz der rechtlichen Sanktionen fanden über Jahrhunderte hinweg immer wieder Duelle statt. Im 16., 17. und 18. Jahrhundert wurden sie noch völlig ungeregelt, ohne allgemeingültige Grundlagen ausgetragen. Die Durchführung war meist spontan, oft unmenschlich und hatte fast immer schlimmste Folgen. Sofort nach einer Beleidigung zogen die Gegner an Ort und Stelle ihre Waffen – der Kampf begann. Aus Italien und Frankreich kommend, begannen sich im Laufe des 16. Jahrhunderts feste Rituale herauszubilden, wie Gleichwertigkeit der Waffen oder Teilnahme von Sekundanten. Dann kamen handgeschriebene »Vorschriften« auf, die man in Offizierskreisen und Adelsfamilien weiterreichte. 1777 wurden in Irland die ersten Duellregeln formuliert, allerdings auch handschriftlich, die sich aber sehr schnell über das Land verbreiteten. Sie umfaßten 25 Bestimmungen. (Artikel 1 bis 12: Regeln für die Duelle mit Hieb- und Stichwaffen, Artikel 13 bis 25: Regeln für Pistolenduelle.) 1856 erschien das Buch »The Art of Duelling« von Traveller, ein Handbuch für das Pistolenduell. Im gleichen Jahr erschien in Frankreich eine von Graf Chateauvillard erarbeitete Duellordnung unter dem Titel »Essai sur le duel«, die in den europäischen Staaten rasch weite Verbreitung fand und sich zum sogenannten Duellkodex entwickelte, dem weitere in den nächsten Jahrzehnten folgten. Chateauvillard ging von der Grundvoraussetzung aus, daß unter den damaligen gesellschaftlichen Bedingungen das Duell zur Verteidigung der Ehre nicht zu vermeiden war und gab dem Duell deshalb eine gewisse Ordnung, um die verderblichen Auswirkungen zumindest durch verbindliche Regeln zu begrenzen.

So heißt es in dem Regelwerk »Die Conventionellen Gebräuche beim Zweikampf« (1874): »Der Beleidiger ist verpflichtet, Genugtuung zu geben, wenn er den Beleidigten für satisfaktionsfähig hält. Verweigert er dennoch die Genugtuung, so hat er die Rechte des Ehrenmannes verwirkt und ist für immerdar jeder Gemeinschaft, in der Offiziere und Gentlemen verkehren, ausgeschlossen... Selbstredend kann es sich bei der Feststellung der Satisfaktionsfähigkeit überhaupt nur um Angehörige der gebildeten Klassen der Gesellschaft handeln. Wo hier die Grenze zu ziehen ist, muß in jedem einzelnen Falle der Beurteilung der Beteiligten überlassen bleiben...«

Die dem Beleidigten zustehenden Rechte richteten sich nach dem Grad der Beleidigung:

1. bei einfacher Beleidigung (meist Unhöflichkeit): Wahl der Waffe;
2. bei schmachvoller Beleidigung (Beschimpfung oder Bezichtigung ehrloser Handlungen): Wahl der Waffe und der Form des Duelles;
3. bei einer Beleidigung durch Schlag (oder Handgreiflichkeiten): Wahl der Waffe, Form des Duells und bei Pistolenduellen Festlegen der Distanz sowie evtl. Benutzen der eigenen Waffe (dann konnte auch der Beleidiger die eigene Waffe verwenden).

Um sich Genugtuung zu verschaffen, mußte der Beleidigte seine Forderung entweder sofort mündlich oder innerhalb von 24 Stunden schriftlich dem Beleidiger durch Sekundanten übergeben. Den Überbringer einer Duellforderung bezeichnete man als Kartellträger. Die Antwort auf die Forderung hatte ebenfalls spätestens in 24 Stunden nach Empfang zu erfolgen. Danach wurde das eigentliche Duell 48 Stunden später ausgetragen.

Jedem Duellanten standen meist zwei Sekundanten zur Seite, die er selbst auswählen konnte. Sie hatten die Forderung und die Antwort zu überbringen und sich genau über das Problem, das zum Duell führte, sowie über die »Wünsche« des Beleidigten zu informieren. Dann wurde die Durchführung des Duells und die Bedingungen mit den gegnerischen Sekundanten ausgehandelt. Erste Pflicht der Sekundanten war es, in jedem Falle zu versuchen, die anstehende Streitigkeit auf friedlichem Wege zu regeln. War dies nicht möglich, wurden von ihnen alle Details des Duells festgelegt: Wahl der Waffen, Art des Duells, Bedingungen, wie Schußzahl und Anzahl der Duellgänge sowie Ort und Zeitpunkt der Austragung. Versteckte und abgelegene Gegenden sowie frühe Morgenstunden wurden bevorzugt. Die Festlegungen waren schriftlich zu fixieren und vor dem Duell nochmals vorzulesen. Aufgabe der Sekundanten war es auch, dafür Sorge zu tragen, daß ärztliche Betreuung (möglichst für jeden Duellanten ein Arzt) zur Verfügung stand.

Den Sekundanten stand nicht das Recht zu, ein Duell auf Leben und Tod zu vereinbaren. Nur in ernsten Fällen konnte festgelegt werden, das Duell bis zur Kampfunfähigkeit eines Gegners durchzuführen. In den meisten Fällen einigten sich die Beteiligten darauf, den Kampf mit der ersten Verwundung eines Gegners zu beenden; mit Einverständnis beider Gegner durfte aber auch auf diese Bedingung verzichtet werden.

Nicht als Sekundanten durften fungieren: Verwandte ersten Grades (wie Vater, Bruder oder Sohn) sowie Personen, die bereits Duellregeln verletzt oder -vereinbarungen gebrochen hatten.

Die Sekundanten waren für die gesamte Vorbereitung und den Ablauf eines Duells verantwortlich und verpflichtet, auch unter Einsatz ihres eigenen Lebens eine Übertretung der getroffenen Absprachen bzw. allgemeiner Duellregeln durch persönliches Eingreifen zu verhindern. Die Sekundanten hatten ebenfalls bewaffnet zu sein. Dies erklärt auch, daß die Sekundanten wie die Duellanten gerichtliche Verfolgung und entsprechende Strafen zu erwarten hatten. Deshalb mußten sie bei Nichteinhaltung der Kampfregeln oder bei tödlichem Ausgang ein Protokoll anfertigen, das bei Privatpersonen einem öffentlichen Gericht und bei Offizieren dem zuständigen Ehrenrat zu übergeben war.

Der Verlauf eines Duells ging folgendermaßen vonstatten: Durch die Sekundanten waren Ort und Zeit festgelegt worden. Beide Parteien hatten rechtzeitig einzutreffen. Es war nicht länger als 15 Minuten auf die gegnerische Partei zu warten. Alle Beteiligten, Sekundanten und Duellanten, hatten sich zu grüßen, letztere sich dabei völlig schweigsam zu verhalten. Vor Beginn des Duells mußten die Sekundanten nochmals eine friedliche Lösung vorschlagen. Erfolgte die Ablehnung, wurde die Leitung des Duells unter den Sekundanden ausgelost. Nachdem der Platz ausgewählt, die Distanz abgesteckt und die Barrieren markiert waren, losten die Sekundanten um den Standplatz ihres zu betreuenden Duellanten. Die Gegner mußten meist Jacken und Westen ablegen. Sie konnten von den Sekundanten der anderen Partei untersucht werden, ob durch feste Gegenstände auf der Brust ein Schutz gegen die Einwirkung der gegnerischen Waffe vorhanden war. Behielten die Duellanten ihre Jacken oder Mäntel an, so wurde der Kragen hochgeschlagen, um das Hervorstehen weißer Hemden als Zielscheibe zu vermeiden.

Nunmehr wurde die Vereinbarung nochmals vorgetragen und die Duellanten zum Standplatz geführt. Das Los entschied abermals, welcher der beiden Duellanten zuerst die Waffe auswählen konnte, das heißt, welchen Degen, welchen Säbel oder welche Pistole – entsprechend der Art des Duells.

Eine wichtige Aufgabe der Sekundanten war es, die Waffen bereitzustellen. Pistolen mußten vorher von diesen überprüft und geladen werden. Es war auch möglich, daß ein Büchsenmacher im Beisein der Sekundanten die Waffen lud und in eine Schatulle legte und diese versiegelte. Das Siegel wurde erst am Duellplatz geöffnet, wenn alles vorbereitet war. Es war streng untersagt, vor dem Duell Ladungen auszutauschen oder die Pistolen auszuprobieren. Ein Waffenkenner merkte, ob der Pistolenlauf angeschwärzt oder der Abzug beim Spannen des Hahnes hart bzw. leicht war.

Dann nahm das Duell seinen meist verhängnisvollen Lauf.

Duellwaffen standen stets im Zusammenhang mit der Weiterentwicklung der militärischen Waffen. Vor allem aber wurden sie entsprechend der jeweils herrschenden Sitte oder

Gewohnheit eingesetzt. Im Mittelalter spielte das Schwert eine entscheidende Rolle, und Kämpfe wurden meist mit diesem oder dem Dolch ausgetragen. Von Italien aus kam der Degen auf. Er wurde nach 1500 zur Zivilkleidung getragen. Mit der Weiterentwicklung der Stoßwaffe bildete sich die Fechtkunst heraus. Die Duelle waren wohl die Hauptursache dafür. Da sich »alles schlug«, wollte man seine Waffe auch sicher zur Hand haben und sich mit den vorteilhaftesten Methoden vertraut machen, sei es für den Angriff oder die Verteidigung.

Der Degen war bis zum späten 19. Jahrhundert die Duellwaffe besonders in den romanischen Ländern. In anderen europäischen Ländern kämpfte man vornehmlich mit dem Säbel. Die Pistole, deren Einsatz das moderne Duell charakterisiert, fand ab Mitte des 18. Jahrhunderts ausgehend von Irland und Großbritannien weite Verbreitung.

Duellpistolen wurden zum Prestigegegenstand und waren in jeder Beziehung vorzüglich ausgeführte Waffen. Bekannt geworden ist im ausgehenden 18. Jahrhundert besonders der Engländer Robert Wogdon. Er spezialisierte sich auf die Herstellung von Duellpistolen, die paarweise in oft kostbaren Kassetten gehandelt wurden.

Wesentlich war, daß beide Waffen, die im Duell verwendet wurden, einander unbedingt in Form, Länge, Schwere und Schwerpunktlage entsprechen mußten. Bei Verwendung des Degens gab es nur eine Art der Duellführung, und zwar den Stich. Beim Einsatz des Säbels waren zwei Anwendungen möglich: Hieb und Stich.

Beim Pistolenduell unterschied man sechs verschiedene Arten (Grundlage war der französische Duellkodex), später auch sieben, die in den einzelnen Ländern unterschiedlich gehandhabt wurden. Dies betraf beispielsweise die festgesetzte Zeitspanne für das Abfeuern sowie die Anzahl der Schüsse.

Die sechs Grundarten des Pistolenduells waren:

mit festem Standpunkt,
mit festem Standpunkt und freiem Schuß,
mit Vorrücken,
mit unterbrochenem Vorrücken,
auf parallelen Linien,
auf Kommando oder Signal.

Pistolenforderungen lauteten in aller Regel auf Distanz (meist 10 bis 15 Schritt) oder Barriere (drei, fünf oder 10 Schritt).

Bei den Distanzforderungen blieben die Duellanten auf den abgemessenen Punkten stehen. Sie schossen gleichzeitig auf das Kommando des Unparteiischen »Fertig, Los!« oder »Eins, Zwei, Drei!«

Bei Barriereforderungen wurde die festgelegte Anzahl Schritte dreimal in gerader Linie abgemessen. An den Endpunkten der beiden äußeren Teile standen die Duellanten zum Beginn des Kampfes. Sie durften sich während des langsamen Zählens des Unparteiischen (maximal bis fünf) den Endpunkten des mittleren Teils – gekennzeichnet durch Stöcke oder Jacken (Barrieren) – nähern. Während des Zählens konnten sie nach Belieben schießen.

Abweichend dazu gab es auch außergewöhnliche Duelle, dazu gehörten die Pistolenduelle mit festem Standort auf kürzester Entfernung; mit Vorrücken bei verkürztem Abstand zwischen den Barrieren; mit nur einer geladenen Pistole; mit ununterbrochener Bewegung auf parallelen Linien; ferner auch Duelle, die mit Gewehren, Karabinern oder zu Pferde ausgetragen wurden.

Das *amerikanische Duell* war eine besonders grausame Art der außergewöhnlichen Duelle. Über die Entstehung des Begriffs »amerikanisch« gibt es Meinungsverschiedenheiten. Entweder ist er entstanden durch Umgehung der sehr harten Strafandrohungen in Amerika oder durch die »wilden Sitten«, wie sie sich Europäer von Amerika vorstellten. Das amerikanische Duell fand entweder in einem geschlossenen Raum oder in einem Waldstück statt. Als Waffen waren Messer, Revolver oder Gewehre üblich. Ziel war stets, den Gegner in einen Hinterhalt zu locken und zu töten. Den Kontrahenten war daran gelegen, die Distanz so kurz wie möglich zu halten. So gab es die Methode »über das Sacktuch schießen«. Hier hielten die Duellanten die Ecken eines gespannten Taschentuches in der Hand, das somit die Distanz markierte.

Ähnlich ging es bei dem noch älteren »Mantelduell« zu. Die Gegner standen sich auf den Ecken eines ausgebreiteten Mantels gegenüber. Meist wurde durch Los entschieden, wer zuerst zur Waffe zu greifen und zu schießen hatte.

Das unbedingte Töten lag auch einer anderen Form des amerikanischen Duelle zugrunde. Verwendet wurde eine schwarze und eine weiße Kugel. Die Gegner losten um ihr Leben. Wer die schwarze Kugel zog, hatte sich in einer bestimmten Frist, meist innerhalb von 24 Stunden, selbst zu erschießen.

Das amerikanische Duell wurde gerichtlich streng verfolgt, da es – immer durch Losentscheid – in jedem Fall den Tod eines Beteiligten zur Folge hatte und im Endeffekt Mord war.

Berüchtigte Duelle

HEINRICH III.

Deutscher König seit 1039 und Kaiser seit 1046, mächtigster deutscher Herrscher des Mittelalters.

GEBOREN: 28. OKTOBER 1017 · GESTORBEN: 5. OKTOBER 1056

Das Hauptwerk Heinrichs III. war die Reform der römischen Kirche und die Erhebung des Papsttums. Er ernannte einen Deutschen zum Papst und setzte damit die drei streitenden regierenden Päpste ab; dadurch beseitigte er die Spaltung der Kirche (Synode von Sutri und Rom 1046). Er förderte die lothringische Klosterreform im Reich, was den äußeren Höhepunkt seiner kaiserlichen Macht darstellte.

Zweikämpfe zu seiner Zeit sind nicht den modernen Duellen gleichzusetzen. Historisch betrachtet waren sie gerichtliche Zweikämpfe, bei denen der Entscheid durch das »Gottesurteil« erfolgte. Ausgelöst wurden sie häufig durch den

Vorwurf des Ehebruchs, wobei nicht einmal der Beweis dafür erbracht zu werden brauchte. Allein schon der Zweifel an der Treue einer Frau fügte der Ehre des Ehemannes eine Schmach zu, die nur mit Blut zu tilgen war.

So war es Heinrich III. ergangen. Seiner Gemahlin Kunelinde, Tochter des Knut, des dänischen Königs von England, sagte 1043 ein gewisser Ritter Rüdiger Ehebruch nach. Sei es aus Mißgunst, beleidigter Eitelkeit oder Rachsucht – es war ein ungeheuerlicher Vorwurf. Und was half es, daß sie ihre Unschuld immer wieder beteuerte, die Miene Heinrichs III. blieb ungerührt wie Stein. Zu den vornehmsten Aufgaben eines Herrschers gehörte es auch, die »Reinheit« der Frau zu wahren. Und so war er sich seiner Pflicht gegenüber seinen Untertanen bewußt. Es kam, was kommen mußte: das traditionell vom Adel in Anspruch genommene Mittel des Gottesurteils. Der gerechte Gott würde dem Unschuldigen zur Seite stehen, so war man überzeugt. Ein Zweikampf mit dem Langschwert wurde einberufen!

Nun konnte die junge Königin ja nicht selbst gegen den Beleidiger antreten. Sie war gezwungen, einen Ritter anzuwerben, der für sie das Schwert zog. Schöne adlige Damen waren dabei im Vorteil, denn edle Ritter bewarben sich darum, für sie den Kampf auszufechten. Bürgerfrauen dagegen waren genötigt, sich einen Kämpen (oder Champion, beide Wörter sind gleich vom Ursprung und von Bedeutung) zu kaufen. Unterlag dieser, so wurde ihm die Hand abgeschlagen und die Dame für schuldig befunden. Kurzum, der Ankläger mußte sich mit einem anderen bewaffneten Mann, der die Sache der Adligen verfocht, in einem Zweikampf messen. Dieses Gottesurteil zwischen den beiden Kämpen sollte über Schuld oder Unschuld der Dame entscheiden.

Kunelinde war verzweifelt. Ritter Rüdiger war stattlich und groß. Er galt als der beste Fechter. Kein Mann vom Gefolge Heinrichs III. wagte für die Königin in den Kampf zu gehen. Schließlich trat aus den Reihen der dänischen Gefolgsleute ein Kämpe für sie an. Aber dieser war klein von Gestalt und schien dem Gegner keinesfalls gewachsen zu sein. Als er auf dem Kampfplatz erschien, hielten alle die Königin für verloren. Welche Opfer würde ein mißglückter Ausgang nach sich ziehen? Würde Heinrich III. seine Frau töten – oder etwa einmauern lassen?

Doch dann geschah etwas, was für die damalige Zeit einem Wunder glich. Der Ritter konnte seinen Gegner nicht treffen. Mit größter Geschicklichkeit wich dieser den Hieben aus, und ehe Rüdiger sich umdrehen konnte, gelang es dem Kleinen, die Kniekehlen seines Gegners mit dem Schwert zu durchhauen. Der Kampf war beendet – und die Unschuld der Königin galt als eindeutig bewiesen. Die Ehre Heinrichs III. war wiederhergestellt, und er konnte sich weiter seiner Kirchenreform widmen. Ein völlig unschuldiger Mensch aber, der sein Leben zum Einsatz gebracht hatte, durfte weiterleben.

GOTTFRIED HEINRICH GRAF ZU PAPPENHEIM

Kaiserlicher Reitergeneral im Dreißigjährigen Krieg.

GEBOREN: 29. MAI 1594 IN PAPPENHEIM A. D. ALTMÜHL.
GESTORBEN: 17. NOVEMBER 1632 IN LEIPZIG.

Pappenheim stand in Diensten des Königs Sigismund von Polen, später im Heer der katholischen Liga unter Herzog Maximilian I. von Bayern. Ab 1623 in kaiserlichem Dienst, wurde er General eines Kürassierregiments (die »Pappenheimer«). 1623 bis 1625 kämpfte er in der Lombardei; 1626 warf er den oberösterreichischen Bauernaufstand grausam nieder; unterstützte Tilly im niedersächsischen-dänischen Krieg; 1631 hatte er an der Erstürmung Magdeburgs den Hauptanteil. 1632 gab er Wallenstein Unterstützung bei der Eroberung von Leipzig und griff in die Schlacht bei Lützen ein. Hier wurde Pappenheim schwer verwundet und starb in der »Pleißenburg« in Leipzig. Sein einziger Sohn, Wolfgang Adam, war ebenfalls Reitergeneral.

Pappenheim galt als rücksichtsloser Draufgänger und scheute selbst während der Kriegsgefechte vor persönlichen

Duellen nicht zurück. Durch seine Beziehung zu Wallenstein ging er rühmlich-unrühmlich in die Geschichte ein: Julius Wolff vertonte 1889 das Reiterlied »Die Pappenheimer«, und Schiller verewigte ihn in seinem »Wallenstein«: »... vergeßt mir meine Pappenheimer nicht.«

Aber als der kaiserliche Reitergeneral lebensgefährlich verwundet in einem als Spital eingerichteten Saal der Pleißenburg lag, muß ihm sein frühes Sterben zu denken gegeben haben. Durch einen Vertrauten ließ er seinem Sohn ausrichten, er solle sich mit der Pistole zurückhalten!

Doch Wolfgang Adam Graf zu Pappenheim war vom gleichen Schrot und Korn und als Reitergeneral genauso mit dem Kriegshandwerk befaßt. 1647, fünfzehn Jahre nachdem ihm sein Vater eine Warnung übermittelt hatte, starb er in Prag durch ein Pistolenduell.

Sein Kontrahent war der kaiserliche Heerführer Martin Maximilian Goltsch, der sich während des Dreißigjährigen Krieges bei der Belagerung Prags durch die Schweden auszeichnete. Der Historiker Jan Beckovský (1658 bis 1725) berichtete nachträglich im »Sendboten altböhmischer Begebenheiten« darüber:

»Als die Schweden die Stadt Cheb (Eger) erobert hatten, gerieten General Pappenheim und General Goltsch in Anwesenheit anderer erlauchter Herren am 30. Juni bei einem Gastmahl des Feldmarschalls und Kommandanten der Stadt Prag, des Grafen Colloredo, nicht nur in einen Wortwechsel, sondern forderten einander auch zum Pistolenduell heraus. Obwohl Graf Colloredo diesem Unglück vorbeugen wollte und an alle Wachen der Stadttore Befehl erteilte, keinen dieser Generäle aus der Stadt zu lassen, verließ General Pappenheim mit Christoph Graf Wallenstein die Stadt durch das Strahover Tor, bevor die Anordnung dorthin gelangte. Eine Stunde später ritt General Goltsch mit Cabelický durch eine offene Stelle auf dem Hradschin hinter dem Kapuzinerkloster, an der zu dieser Zeit die Stadtmauer errichtet wurde, aus der Stadt, weil sie kein Stadttor mehr passieren konnten. Er wollte wissen, wo ihn Pappenheim erwarte, suchte ihn und fand ihn auch gegenüber der Pulverbrücke. Als Pappenheim General Goltsch erblickte, ritt er sogleich auf ihn zu, feuerte auf Goltsch ab und verfehlte ihn, zog die zweite

Pistole und feuerte zum zweiten Male auf seinen Gegner. Im gleichen Augenblick schoß Goltsch zum ersten Male auf Pappenheim. Als Pappenheim seine beiden Pistolen abgefeuert hatte und feststellte, daß Goltsch noch eine Pistole zum Abfeuern bereithielt und unversehrt auf seinem Pferd saß, ergriff er die Flucht. Als er kaum 100 Schritt zurückgelegt hatte, fiel er tödlich getroffen vom Pferde. General Goltsch wurde nur an der linken Hand leicht getroffen, während sein Pferd einen Schuß in den Hals erhielt und tot zu Boden stürzte.«

Der Chronist schrieb nicht, ob über Goltsch eine Strafe verhängt wurde. Aber als Buße gründete er 1650 in Golcuv Jenikov (Goltsch-Jenikau) eine Loreto-Kapelle und ein Krankenhaus. So schließt sich der Kreis: Die Erkenntnis eines Sterbenden über die große Gefahr der tödlichen Waffen, ausgesprochen auf dem Sterbebett, endete mit dem Tod des letzten derer von Pappenheim, worauf als Bußhandlung ein Krankenhaus errichtet wurde.

Mit dem Tod von Wolfgang Adam starb 1647 das fränkische Uradelsgeschlecht derer von Pappenheim aus.

HANS JAKOB CHRISTOFFEL VON GRIMMELSHAUSEN

Bedeutendster deutscher Erzähler des 17. Jahrhunderts.

GEBOREN: UM 1621 IN ODER BEI GELNHAUSEN (HESSEN).
GESTORBEN: 17. AUGUST 1676 IN RENCHEN (BADEN).

Grimmelshausen, der einer Handwerkerfamilie entstammte, wurde vermutlich schon als junger Mensch von kaiserlichen Truppen verschleppt und als Pferdejunge zum Kriegsdienst gezwungen. 1645 wurde er in Offenburg Schreiber des Kommandanten, nach 1650 Verwalter der Schauenburgischen Güter und Gastwirt, ab 1667 Schultheiß in Renchen. Seit 1659 betätigte er sich unter verschiedenen Pseudonymen als Schriftsteller. Unter Einfluß des spanischen Schelmenromans und volkstümlichen Erzählguts gelang ihm eine bis dahin nicht erreichte urwüchsig-volksverbundene Darstellung des Dreißigjährigen Krieges. Sein Hauptwerk, der autobiografische Roman »Der abenteuerliche Simplicissimus Teutsch« (1668) ist die bedeutendste Erzählung der Epoche, an die sich weitere »Simplicianische Schriften« Grimmelshausens anschlossen. Diese zeichnen Gegenbilder zum Titelhelden »Simplicissimus«, so 1670 ein weibliches mit der »Erzbetrügerin und Landstörzerin Courasche« und im glei-

chen Jahr ein männliches mit dem »Seltsamen Springinsfeld«. – Im Bildungsroman vom »Abenteuerlichen Simplicissimus« sind Witz und Humor, Kritik an vielen Torheiten und Ungerechtigkeiten, Phantasie, Humanismus und Vaterlandsliebe mit der Geschichte eines jungen, alle Lebensbereiche durchwandernden Menschen verknüpft.

Im neunten Kapitel des dritten Buches schildert Grimmelshausen den Zweikampf eines Reiters mit einem Musketier in einer solchen Anschaulichkeit, wie sie in einer zusammenfassenden Nacherzählung nicht annäherd erreicht werden kann, so daß diese Quelle (ungeachtet einiger sprachlicher Schwierigkeiten, die der Text bereitet) vollständig im Original zitiert wird:

»Meine Hoffart vermehrte sich mit meinem Glück, daraus endlich nichts anderes als mein Fall erfolgen konnte. Ungefähr eine halbe Stund von Rehnen kampierten wir, als ich mit meinem besten Kameraden Erlaubnus begehrte, in dasselbe Städtlein zu gehen, etwas an unserm Gewehr flicken zu lassen, so wir auch erhielten. Weil aber unser Meinung war, sich einmal rechtschaffen lustig zu machen, kehrten wir im besten Wirtshaus ein und ließen Spielleut kommen, die uns Wein und Bier hinuntergeigen mußten. Da giengs in floribus her und blieb nichts unterwegen, was nur dem Geld wehe tun möchte, ja ich hielte Bursch von andern Regimentern zu Gast und stellte mich nicht anders als wie ein junger Prinz, der Land und Leut vermag und alle Jahr ein groß Geld zu verzehren hat. Dahero wurde uns auch besser als einer Gesellschaft Reuter, die gleichfalls dort zehrete, aufgewartet, weils jene nicht so toll hergehen ließen; das verdroß sie und fiengen an, mit uns zu kippeln. ›Woher kommts‹, sagten sie untereinander, ›daß diese Stiegelhupfer‹ (dann sie hielten uns vor Musketierer, maßen kein Tier in der Welt ist, das einem Musketierer gleicher siehet als ein Dragoner, und wenn ein Dragoner vom Pferd fällt, so stehet ein Musketierer wieder auf) ›ihre Heller so weisen?‹ Ein anderer antwortet: ›Jener Säugling ist gewiß ein Strohjunker, dem seine Mutter etliche Milchpfennige geschickt, die er jetzo seinen Kameraden spendiert, damit sie ihn künftig irgendswo aus dem Dreck oder etwan durch ein Graben tragen sollen.‹ Mit diesen Worten zieleten sie auf mich, dann ich wurde vor einen jungen Edelmann bei ihnen angesehen. Solches wurd mir durch die Kellerin hinterbracht; weil ichs aber nicht selbst gehört, konnte ich anders nichts darzu tun, als da ich ein groß Bierglas mit Wein einschenken und solches auf Gesundheit aller rechtschaffenen Musketierer herumgehen, auch jedesmal solchen Alarm darzu machen ließe, daß keiner sein eigen Wort hören konnte. Das verdroß sie noch mehr, derowegen sagten sie offentlich: ›Was Teufels haben doch die Stiegelhupfer vor ein Leben?‹ Springinsfeld antwortete: ›Was gehts die Stiefelschmierer an?‹ Das gieng ihm hin, dann er sahe so gräßlich drein und machte so grausame und bedrohliche Mienen, daß sich keiner an ihn reiben dorfte. Doch stieß es ihnen wieder auf, und zwar einen ansehnlichen Kerl, der sagte: ›Und wann sich die Maurenscheißer auch auf ihrem Mist (er vermeinte, wir lägen da in der Garnison, weil unsere Kleidungen nicht so wetterfärbig aussahen wie derjenigen Musketierer, die Tag und Nacht im Feld liegen) nicht so breit machen dörften, wo wollten sie sich dann sehen lassen? Man weiß ja wohl, daß jeder von ihnen in offenen Feldschlachten unser Raub sein muß, gleichwie wie Taub eines jeden Stoßfalken!‹ Ich antwortet ihm: ›Wir müssen Städt und Festungen einnehmen, und solche werden uns auch zu verwahren vertrauet, dahingegen ihr Reuter auch vor dem geringsten Rattennest keinen Hund aus dem Ofen locken könnet. Warum wollten wir sich dann in dem, was mehr unser als euer ist, nicht dörfen lustig machen?‹ Der Reuter antwortet: ›Wer Meister im Feld ist, dem folgen die Festungen; daß wir aber die Feldschlachten gewinnen müssen, folget aus dem, daß ich so drei Kinder, wie du eins bist, mitsamt ihren Musketen nicht allein nicht förchten, sondern ein paar darvon auf den Hut stecken und den dritten erst fragen wollte, wo deiner noch mehr wären? Und säße ich nur bei dir‹, sagte er gar höhnisch, ›so wollte ich dem Junkern zu Bestätigung der Wahrheit ein paar Dachteln geben!‹ Ich antwortet ihm: ›Ob ich zwar vermeine, ein so gut paar Pistolen zu haben als du, wiewohl ich kein Reuter, sondern nur ein Zwitter zwischen ihnen und den Musketierern bin, schau! so hat doch ein Kind das Herz, mit seiner Musketen allein einem solchen Prahler zu Pferd, wie du einer bist, gegen all seinem Gewehr im freien Feld nur zu Fuß zu erscheinen.‹ – ›Ach! du Kujon‹, sagte der Kerl, ›ich halte dich vor einen Schelmen, wenn du nicht, wie ein redlicher von Adel, alsbald deinen Worten eine Kraft gibst.‹ Hierauf warf ich ihm einen Handschuh zu und sagte: ›Siehe da, wenn ich diesen im freien Feld durch meine Muskete nicht zu Fuß wieder von dir bekomme, so habe genugsame Macht und Gewalt, mich vor denjenigen zu halten und auszuschreien, wie mich deine Vermessenheit gescholten hat.‹ Hierauf zahlten wir den Wirt, und der Reuter machte seinen Karbiner und Pistolen, ich aber meine Muskete fertig; und da er mit seinen Kameraden von uns an den bestimmten Ort ritte, sagte er zu meinem Springinsfeld, er sollte mir nur allgemach das Grab bestellen. Dieser aber antwortet ihm, er möchte solches auf eine Vorsorg seinen eigenen Kameraden vor ihn selbst zu bestellen anbefehlen; mir aber verwiese er meine Frechheit und sagte unverhohlen, er besorge, ich werde aus dem letzten Loch pfeifen. Ich lachte hingegen, weil ich mich schon vorlängst besonnen hatte, wie ich einem wohlmondierten Reuter begegnen müsse, wann mich einmal einer zu Fuß mit meiner Muskete im weiten Feld feindlich angreifen sollte. Da wir nun an den Ort kamen, wo der Betteltanz angehen sollte, hatte ich meine Musket bereits mit zweien Kuglen geladen, frisch Zindkraut aufgerührt und den Deckel auf der Zündpfannen mit Unschlitt verschmiert, wie vorsichtige Musketierer zu tun pflegen, wenn sie das Zindloch und Pulver auf der Pfannen im Regenwetter vor Wasser verwahren wollen.

Ehe wir nun aufeinander giengen, bedingten beiderseits Kameraden miteinander, daß wir uns im freien Feld angreifen und zu solchem End der eine von Ost, der ander aber von West in ein umzäuntes Feld eintreten sollten, und alsdann möge ein jeder sein Bestes gegen dem andern tun, wie ein Soldat tun soll, welcher dergestalt seinen Feind vor Augen kriegt. Es sollte sich auch weder vor, in, noch nach dem Kampf keiner von beiden Parteien unterstehen, seinem Kameraden zu helfen, noch dessen Tod oder Beschädigung zu rächen. Als sie solches einander mit Mund und Hand versprochen hatten, gaben ich und mein Gegner einander auch die Händ und verziehe je einer dem andern seinen Tod; in welcher allerunsinnigsten Torheit, welche je ein vernünftiger Mensch begehen kann, ein jeder hoffte, seiner Gattung Soldaten das

Prä zu erhalten, gleichsam als ob des einen oder andern Teils Ehr und Reputation an dem Ausgang unseres teuflischen Beginnens gelegen gewest wäre. Da ich nun an meinem bestimmten Ende mit doppeltbrennendem Lunden in angeregtes Feld trate und meinen Gegenteil vor Augen sahe, stellte ich mich, als ob ich das alte Zindkraut im Gang abschüttete; ich täts aber nicht, sondern rührte Zindpulver nur auf den Deckel meiner Zindfannen, blies ab und paßte mit zweien Fingern auf der Pfanne auf, wie bräuchlich ist; und ehe ich meinem Genteil, der mich auch wohl im Gesicht hielte, das Weiße in Augen sehen konnte, schlug ich auf ihn an und brennte mein falsch Zindkraut auf dem Deckel der Pfannen vergeblich hinweg. Mein Gegner vermeinte, die Musket hätte mir versagt und das Zündloch wäre mir verstopft, sprengte derowegen mit einer Pistol in der Hand gar zu begierig recta auf mich dar in Meinung, mir meinen Frevel zu bezahlen. Aber eh er sichs versahe, hatte ich die Pfann offen und wieder angeschlagen, hieße ihn auch dergestalt willkomm sein, daß Knall und Fall eins war.

Ich retirierte mich hierauf zu meinen Kameraden, die mich gleichsam küssend empfiengen; die seinige aber entledigten ihn aus seinem Stegreif und täten gegen ihm und uns wie redliche Kerl, maßen sie mir auch meinen Handschuh mit großem Lob wieder schickten. Aber da ich mein Ehr am größten zu sein schätzte, kamen 25 Musketier aus Rehnen, welche mich und meine Kameraden gefangennahmen. Ich zwar wurde alsbald in Ketten und Band geschlossen und der Generalität überschickt, weil alle Duell bei Leib- und Lebensstraf verboten waren.«

Und vielleicht war es Grimmelshausen einst als Musketier ebenso ergangen: Auch wenn dem Duellanten die Todesstrafe erspart blieb, so wurde er doch durchgepeitscht und unehrenhaft davongejagt.

JEAN DE LA FONTAINE

Französischer Dichter.

GEBOREN: 8. JULI 1621 IN CHÂTEU-THIERRY.
GESTORBEN: 12. APRIL 1695 IN PARIS.

La Fontaines Werk ist vielgestaltig; Weltruhm erlangte er besonders mit seinen zwölf Fabelbüchern, die in der Zeit von 1668 bis 1694 erschienen. Anfangs antiken Vorlagen nachgestaltet und später durch Anspielungen auf zeitgenössische Ereignisse erweitert, zeichnen sie sich durch ihren poetischen Formenreichtum, Natürlichkeit und Gefälligkeit, gepaart mit liebenswürdiger Ironie, aus.

In der Mitte des 17. Jahrhunderts saß den temperamentvollen Franzosen die Waffe meist locker. Allerdings, um sie im Duell erfolgreich handhaben zu können, bedurfte es ständiger Übung, sei es im Offizierskorps oder in einer Fechtschule für Privilegierte. Der Dichter, der beides nicht für nötig erachtete, wurde eines Tages dennoch mit einem Säbel-Duell konfrontiert.

Die Frau La Fontaines, Marie, stammte aus der Provence. Ihr Mann – der »Herr des Hauses« – sowie Heim und Herd waren Inbegriff ihres Lebens.

Freundschaftlich verbunden war das Ehepaar mit einem älteren Herrn, einem ehemaligen Dragoner, der den Dienst quittiert hatte. Sein Name war Poignan. Dieser spielte abends mit dem Hausherrn Schach, verehrte dessen Literatur und genoß tagsüber die vorzüglichen Speisen von Marie. Auch begleitete er sie gern bei Spaziergängen oder Einkäufen. Seinen Dank stattete er in kleinen Geschenken ab.

Man stelle sich das französische Bürgertum vor: Alles sah auf den berühmten Dichter; auch sein Familienleben stand im öffentlichen Interesse. So fing der Klatsch zu blühen an, und man sprach bereits von einem klassischen Dreiecksverhältnis. Die vorerst nichts davon ahnten, waren die unmittelbar Beteiligten. Schließlich drang das Getuschel zu La Fontaine.

»Ich fordere ihn vor den Säbel«, rief er, als es ihm zu bunt wurde. »Meine Ehre werde ich wiederherstellen!« Er stürmte in die Wohnung Poignons. Dieser rief zur Begrüßung aus: »Ich wollte gerade zu Marie!« Doch La Fontaine schlug ihm einen Spaziergang zum Marne-Ufer vor, einem Ort, der für Duelle bekannt war. Der Oberst konnte sich keinen Vers darauf machen. Nichtsahnend folgte er dem Dichter zum Fluß, wo schon viele Schaulustige auf das bevorstehende Ereignis warteten.

»Wirst du mir endlich sagen, Jean, was hier gespielt wird!«

»Ja, mein Freund«, brüllte La Fontaine, »wir müssen uns duellieren!«

»Habe ich dich etwa beleidigt?«

»Nein! Aber trotzdem – es ist nötig. Zieh deine Waffe und verteidige dich!«

Ungläubig schüttelte Poignan den Kopf. »Du mußt verrückt sein! Ich bin ein alter Haudegen – und du kannst höchstens die Feder führen!«

Und so kam es dann auch: La Fontaine stach mit seinem Säbel unsachgemäß herum. Der Oberst wehrte ohne Schwierigkeiten seine Attacken ab. Schließlich machte er dem ganzen ein Ende und schlug seinem »Gegner« die Waffe aus der Hand.

Der Dichter gab den ungleichen Kampf auf. Und erst jetzt teilte er dem Oberst den Grund für seine Herausforderung mit. Dieser war entsetzt! Was wäre gewesen, wenn das Duell –

durch blinden Zufall vielleicht – tödlich geendet hätte? Der Oberst schwor, nie mehr des anderen Haus zu betreten, was La Fontaine energisch ablehnte.

Gemeinsam kehrten die Duellanten ins Haus zurück, unterwegs gegrüßt – mit größtem Respekt. Als zwei Freunde waren sie gezwungen gewesen, gegeneinander zu kämpfen – wegen der Beleidigungen durch andere Personen. Von nun an konnte der Oberst ungetrübt die Familie La Fontaine besuchen, ohne Klatsch befürchten zu müssen. »Man hatte sich ja im Duell geschlagen«, und somit war die »Ehre« wiederhergestellt.

GIOVANNI GIACOMO CASANOVA

(Chevalier de Seingalt, wie er sich adelte)

Italienischer Abenteurer, Spieler und Schriftsteller.

GEBOREN: 2. APRIL 1725 IN VENEDIG.
GESTORBEN: 4. JUNI 1798 IN DUX.

Bereits als junger Mann wurde Casanova Sekretär eines Kardinals und in schneller Folge nacheinander Offizier, Geiger in einem Theater, Adoptivsohn eines Senators in Venedig, Gefangener in den dortigen Bleikammern, aus denen ihm 1756 die aufsehenerregende Flucht gelang, Alchemist, päpstlicher Ritter und zuletzt Bibliothekar des Grafen Waldstein auf Schloß Dux in Böhmen. Er war überaus geistreich und beobachtete Kleinigkeiten des menschlichen Lebens. 40 Jahre lebte er als Abenteurer, Hochstapler und Frauenheld in den adligen Kreisen von fast ganz Europa. Berühmt und berüchtigt wurde Casanova erst nach seinem Tode durch seine 1791 – 1798 in französischer Sprache geschriebenen Memoiren »Geschichte meines Lebens«, eine der bedeutendsten kulturgeschichtlichen Quellen des 18. Jahrhunderts. Casanova starb, ehe er seine Werke beenden konnte. Sein Grab ist unbekannt.

Casanova war ein exzellenter Fechter und ein ebenso ausgezeichneter Pistolenschütze. In seinem abenteuerlichen Leben hatte er selbst zahlreiche Degenkämpfe, aber auch Pistolenduelle ausgetragen. 1766 hielt er sich in Warschau auf. Hier schickte er – wie hätte es anders sein können, wegen einer galanten Dame – seine Duellforderung dem Grafen Franz Xaver Branicki, Günstling des polnischen Königs Stanislaus August. Es erregte schon einiges Aufsehen, sich mit dem königlichen Truchseß, Ulanenoberst und Ritter des Weißen Adler-Ordens im Zweikampf messen zu wollen!

Das Duell wurde noch am gleichen Tage, da die Herausforderung erging, ausgetragen, und zwar am Nachmittag drei Uhr. Als Ort wählte man einen Garten des Grafen Brühl im Dorfe Wola nahe Warschau. In Branickis großem »Gefolge« erschienen u. a. der Generaladjutant des Königs, ein Page, Jäger und Lakaien. Diese versuchten, die Gegner noch umzustimmen und einen Verzicht zu erwirken. Doch beide Rivalen lehnten dies ab. Das Duell begann.

Casanova berichtet: »Ich warf meinen Pelzrock ab und ergriff auf Branickis Aufforderung eine von den beiden Pistolen. Branicki nahm die andere und sagte mir, er bürge mit seiner Ehre für die von mir gewählte Waffe. ›Ich werde sie‹, antwortete ich ihm, ›an Ihrem Kopf probieren!‹ Er erbleichte, warf seinen Degen einem seiner Diener zu und zeigte mir seine entblößte Brust. Ich sah mich gezwungen, es ebenso zu machen, aber ich bedauerte dies; denn mein Degen war nach Abfeuerung der Pistole meine einzige Waffe. Nachdem ich ihm ebenfalls meine Brust gezeigt hatte, trat ich fünf oder sechs Schritte zurück. Der Podstoll machte es wie ich; weiter konnten wir nicht.

Als ich sah, daß er stehen geblieben war und, wie ich, die Pistole zur Erde gesenkt hielt, nahm ich mit der Linken meinen Hut ab und bat ihn, mir die Ehre zu erweisen, den ersten Schuß zu tun. Hierauf bedeckte ich mich wieder. Anstatt sofort seine Pistole auf mich zu richten und zu feuern, verlor der Podstoll zwei oder drei Sekunden damit, zu zielen und seinen Kopf hinter seiner Waffe zu decken. Ich war nicht in der Lage, so lange zu warten, bis er mit allen Anstalten fertig war. Ich erhob plötzlich meine Pistole und feuerte in demselben Augenblick, wo er auf mich schoß. Hieran kann kein

Zweifel sein, denn die Personen der Nachbarschaft erklärten übereinstimmend, nur einen einzigen Schuß gehört zu haben. Ich fühlte mich an der linken Hand verwundet und steckte diese in die Tasche; als ich aber meinen Gegner fallen sah, warf ich meine Pistole fort und eilte auf ihn zu…« Die Kugel saß neun Zoll tief in der Bauchdecke.

Die Duellanten kehrten verwundet und blutend nach Warschau zurück. Man hatte sich der Ehre wegen geschlagen, was die Adligen als aller Ehre wert schätzten. In Polen standen aber Duelle unter Todesstrafe! Casanova flüchtete sofort ins Kloster der Franziskaner. Der um seinen Günstling besorgte König jedoch erwies Branicki seine Gnade und somit auch dessem Duellgegner Casanova.

ANDREW JACKSON

Siebenter Präsident der USA (1829 – 1837).

Geboren: 15. März 1767 in Waxhaw (North Carolina).
Gestorben: 8. Juni 1845 in Hermitage (Tennessee).

Jackson wurde 1788 Staatsanwalt in Nashville; vertrat Tennessee zuerst im Repräsentantenhaus (1797/98), darauf im Bundessenat; bis 1804 war er Richter am Obergericht von Tennessee. Er wurde General im Krieg gegen England (seit 1812) und führte einen Feldzug gegen die Creek-Indianer (1813/14), durch den diese niedergeschlagen wurden. Erfolgreich wehrte er den Angriff der Engländer auf New Orleans (1815) ab, wodurch er den volkstümlichen Namen »Old Hickory« (alter Nußbaum) erhielt. Er unterwarf die Seminolen (1817) und wurde Gouverneur von Florida (1821) und Bundessenator für Tennessee (1823 bis 1825). Zweimal siegte er bei den Präsidentenwahlen (1828 und 1832) als Kandidat der Demokratischen Partei. Er liquidierte die Nationalbank und ermäßigte den Zolltarif.

Das einzige Regierungsmitglied Europas, das tatsächlich ein Duell ausgefochten hatte, war der englische Kongreßbevollmächtigte Herzog von Wellington. Es fand 1829 in Battersea statt und verlief unblutig.

Ganz anders dagegen verliefen Ehrendelikte und Duelle bei Andrew Jackson, der zweimal mit großer Mehrheit zum Präsidenten der Vereinigten Staaten von Amerika gewählt wurde. Zu dieser Zeit war er »gesitteter« und ruhiger, aber er behielt sein ganzes Leben ein despotisches, auffahrendes Wesen. Er zählte zu den radikalen Demokraten. Seine Günstlingswirtschaft führte ihn zur Macht, brachte ihn aber auch in viele Konflikte.

Im Jahre 1787 regierte er noch nicht als siebenter Präsident in Washington, sondern saß als Rechtsanwalt in Jonesborough. Er entsprach den Vorstellungen der Einwanderer, und da er sich sehr schnell zu wehren wußte, so war er den Siedlern angenehm, mußten sie doch selbst hart zupacken und sich in ihrem Leben durchsetzen. Alteingesessenen Juristen mißfiel seine Art. So wurde ihm eines Tages im Gerichtsgebäude von einem dieser Herren mangelhafte Sachkenntnis vorgeworfen. Jackson antwortete scharf: »Vielleicht verstehe ich nicht viel vom Gesetz wie Sie, aber jedenfalls genug, um nicht Gebühren einzustreichen, die mir nicht zustehen.« Der Herausforderer konterte: »Wollen Sie damit andeuten, ich hätte ungerechtfertigt Honorare kassiert?« – »Ja«, antwortete Jackson, worauf ihn der andere einen »Lügner« nannte.

Jackson schickte sofort seine schriftliche Forderung in einer so schrecklichen Orthographie, die gleichsam wieder als Beleidigung wirken mußte. Und noch in der Abenddämmerung des gleichen Tages wurde das Duell ausgetragen: Beide Gegner schossen jedoch in die Luft, und händeschüttelnd verließen sie den Kampfplatz, wie Schuljungen nach einem gelungenen Streich.

In der Zeit, da Jackson Abgeordneter im Repräsentantenhaus und Staatsanwalt war, heiratete er Rachel Donelson, die ihrem ersten Mann davongelaufen war. Die Ehe verlief recht glücklich, was man dem Hitzkopf Jackson nie zugetraut hatte. Er ließ nichts auf seine Frau kommen, auch nicht, als es sich herausstellte, daß durch eine Klausel die Eheschließung nicht rechtskräftig war. Er nahm den Skandal auf sich und heiratete Rachel ein zweites Mal.

Schließlich wurde Jackson zum Richter ans Obergericht von Tennessee berufen, auch spielte er beim Militär eine einflußreiche Rolle. Mißgunst und Neid blühten durch seine steile Karriere erneut auf. Und wieder geschah es in einem Gerichtsgebäude, als seine Widersacher auf die erste Ehe seiner Frau anspielten und ihm vorwarfen, er sei Rachel nachgelaufen. Jackson brüllte: »Sie wagen es, ihren Namen in den Schmutz zu ziehen«, nahm seinen Stock und hieb auf einen seiner Gegner ein. Dieser wehrte sich mit seinem Säbel, der zur Uniform getragen wurde. Jackson war tief in seiner Ehre gekränkt und forderte zum Duell auf. Man schrieb das Jahr 1805, und Ehrenkämpfe waren streng verboten. So wurde vereinbart, daß die Austragung in einem Gebiet der Indianer erfolgen sollte. Jackson begab sich mit seinem Sekundanten und einem Arzt dorthin. Fünf Tage wartete er – entgegen allem Reglement –, bis sein Gegner schließlich dort eintraf. Und dann spielte sich eine wahre »Western-Story« ab: Bis auf 20 Schritt Entfernung rannten die Gegner aufeinander zu, die Pistolen in den Händen, dann beschimpften sie sich maßlos, steckten die Pistolen in die Satteltaschen ihrer Pferde und schlugen mit Degen und Säbel aufeinander ein. Als das Pferd des Gegners (mit der Pistole) davonrannte, nahm dieser Deckung hinter einem Baum. Jackson ergriff blitzschnell seine Waffe, und der Gegner brüllte, was das für eine Art sei, »auf einen nackten Mann« zu schießen. Jetzt griffen die Sekundanten ein und übernahmen den Kampf der Duellanten. Niemand wurde dabei getroffen. Schließlich einigten sich die Parteien, den Kampf aufzugeben und ritten nach Hause – unversöhnt.

Jedoch der Ernst der Duelle um Jackson – inzwischen zum Generalmajor befördert – nahm immer mehr zu. Es muß um 1811 gewesen sein, als er einen gewissen Dickinson, den besten Schützen von Tennessee, nach einem mißglückten Pferderennen einen »Schwindler und Betrüger« nannte. Es kam zum Duell – aber lediglich zwischen den Sekundanten, die nichts anderes erreichen wollten als eine friedliche Beilegung des Streits. Der Kampf wurde schließlich abgebrochen. Doch schon nach kurzer Zeit schickte Jackson seine Duellforderung an Dickinson, als von diesem in der Zeitung »Review« haltlose Beschuldigungen gegen den Generalmajor abgedruckt worden waren. In einer Waldlichtung am Red River in Kentucky sollte bei Sonnenaufgang das Duell ausgetragen werden. Jackson, schlank und hochgewachsen, traf in einer schneidigen Uniformjacke zuerst mit seinem Sekundanten ein. Als Dickinson mit Begleiter gekommen war, wurde die Distanz von acht Metern abgesteckt. Die Gegner bezogen ihre Plätze, die Sekundanten luden die Pistolen. Die Bestimmung wurde nochmals bekanntgegeben: Beim Kommando »Feuer« sollte geschossen werden, doch keiner durfte sich weiterbewegen, bis nicht der andere zurückgefeuert hatte. »Sollte trotzdem einer vor dem Kommando abdrücken, so sind beide Sekundanten verpflichtet, diesen unverzüglich über den Haufen zu knallen.« Dickinson, als rücksichtsloser Schütze gefürchtet, hatte den ersten Schuß. Er feuerte sofort nach dem vereinbarten Kommando. Der Herausforderer blieb steif und fest stehen, drückte aber den linken Arm an sein Herz. Jackson – wild, aber ein mittelmäßiger Pistolenheld – zielte lange und genau. Sein Schuß traf Dickinson so, daß dieser in der Nacht verstarb. Jackson war wie durch ein Wunder am Leben geblieben. Da er wegen seines schmalen Körperbaus stets zu weite und ausstaffierte Jacken trug, hatte die gegnerische Kugel – zwar gut gezielt – nur Rippe und Brustbein getroffen. Die Kugel behielt Jackson, sie saß zu nahe am Herzen. In den Annalen wurde nicht berichtet, ob der Generalmajor wegen des tödlichen Ausgangs dieser Begegnung eine Strafe verbüßen mußte.

Das letzte Duell bestritt Jackson 1812, als der Krieg der Vereinigten Staaten von Amerika gegen England begann. Zunächst fungierte Jackson nur als Sekundant in einem Duell, das tödlich ausging. Aber man bezichtigte ihn, seine Hand mit im Spiel gehabt zu haben. Jackson war inzwischen General, und der ihm Unredlichkeit nachsagte, war Oberst Benton. Beide verhehlten nicht, daß sie sich Genugtuung verschaffen wollten. Das geschah dann auch spontan, ohne Forderung. Es gab eine wilde Schießerei, die keinem reglementierten Zweikampf gleichkam. Man mußte schließlich die beiden auseinanderbringen. Jackson war mehr tot als lebendig, er blutete entsetzlich. Die gegnerische Kugel war durch die Schulter gedrungen und im Oberarm steckengeblieben. So lebte dieser unwahrscheinliche Haudegen von da an mit zwei Kugeln im Körper. Erst 1831 entfernte ein Arzt die Kugel aus dem Arm, als er schon drei Jahre als Präsident der USA amtierte. Und er mag, nun mit Verantwortung beladen, an die Zeit zurückgedacht haben, da er mit verantwortungslosem Gebaren den Spitznamen Old Hickory »erworben« hatte. Er wird wohl der einzige Regierungschef aller Staaten gewesen sein, der derartig mit Duellen belastet war, die alle ihre Opfer gefordert hatten.

WILHELM VON HUMBOLDT

Feiherr; preußischer, liberal gesinnter Staatsmann und Gelehrter.

GEBOREN: 22. JUNI 1767 IN POTSDAM.
GESTORBEN: 8. APRIL 1835 IN TEGEL (BEI BERLIN).

Während sein Bruder Alexander von Humboldt als Weltreisender und Forscher Weltruf erlangte, ging Wilhelm von Humboldt vor allem als Begründer des humanistischen Gymnasiums und der Berliner Universität, die heute seinen Namen trägt, in die Geschichte ein. Hervorzuheben sind auch seine Verdienste als Staats- und Kunsttheoretiker sowie als Sprachwissenschaftler bzw. -forscher. Er bekleidete verschiedene Staatsämter. Von 1801 bis 1808 war er preußischer Ministerresident beim Päpstlichen Stuhl in Rom. Von 1814 bis 1815 vertrat er Preußen auf dem Wiener Kongreß. 1819 wurde er aus dem Staatsdienst entlassen, da er Kritik an den Karlsbader Beschlüssen geübt hatte. Das Ziel seines Wirkens waren vor allem Schulreformen, die Einheit von Lehre und Forschung sowie eine allseitige Bildung für alle Bürger.

Der Wiener Kongreß tagte. Begonnen wurde am 18. September 1814. Dauern sollte diese Zusammenkunft der Fürsten und Staatsmänner Europas bis zum 9. Juni 1815. Nach dem Ende der napoleonischen Kriege und dem Pariser Frieden waren Vereinbarungen über das Zusammenleben der europäischen Staaten und Völker zu treffen. Auch sollte die Frage einer Erneuerung des deutschen Reiches auf der Tagesordnung stehen und der künftige Anteil der Bürger deutscher Staaten an der Regierung ihrer Länder festgelegt werden. Vor allem ging es darum, nach dem Sieg der Völker über Napoleon die Herrschaftsansprüche zu sichern. Das aber hieß: territoriale Neugestaltung Europas.

Frankreich blieb weiterhin Großmacht. Großbritannien konnte seine koloniale Vormachtstellung sichern. Rußland bekam »Kongreß«-Polen zuerkannt. Österreich verlor die Niederlande, rundete aber seine Grenzen nach Süden und Osten ab. Preußen konnte sich vor allem in der Rheinprovinz und auf Kosten Sachsens vergrößern. Jedoch das damalige Deutschland blieb weiterhin zerstückelt. Die Wiener Kongreßakte faßte die Beschlüsse in 121 Artikeln zusammen.

Als Repräsentanten der Hauptmächte in Wien waren versammelt: Metternich für Österreich – er war außerdem Präsident des Kongresses –, Castlereagh für England, Talleyrand für Frankreich, Nesselrode für Rußland, Hardenberg für Preußen. Zweiter Bevollmächtigter neben diesem schwerhörigen und dadurch sehr gehemmten preußischen Staatsmann war Humboldt, fungierte aber oft nur als dessen Begleiter. Doch über Humboldt wurde ausgesagt: »Weder in den Sitzungen der fünf Großmächte, in welche die europäischen Angelegenheiten, noch in denen der … deutschen Mächte, welche über Deutschlands Verfassung verhandelten, fehlte er jemals. Und nicht etwa nur als stummer Beisitzer oder schreibender Protokollführer, sondern als Werk- und Wortführer, welcher die von ihm verfaßten Anträge des preußischen Kabinetts zu verteidigen hatte.«

Geltungsdrang und Eifersucht der in Wien versammelten Vertreter im Rat der »Großen Fünf« erschwerten manche Besprechung oder Situation. Humboldts größter Gegner war Talleyrand. In weiser Voraussicht, daß dieser die Interessengegensätze der Alliierten zum Vorteil des eben besiegten Frankreich ausnutzen würde, hatte sich Humboldt schon zu Beginn des Kongresses »zum Sprecher des allgemeinen deutschen Volksempfindens« gemacht und gegen die Teilnahme Frankreichs als ebenbürtiger Partner Einspruch erhoben. Talleyrand revanchierte sich, indem er gegen die Anwesenheit eines zweiten preußischen Vertreters, also Humboldts, protestierte. Diese Situation verschärfte sich, da die Auffassung der Franzosen nicht durchkam. Aber den restaurativen Kräften – das waren alle Großmächte außer England – war Humboldt der unwillkommene Repräsentant liberaler und demokratischer Gesinnungen. Sogar Hardenberg war dazu bereit, sich den Vorstellungen seines Stellvertreters anzuschließen, dies betraf besonders die Auffassung von der zukünftigen Verfassung Deutschlands und der deutschen Länder. Humboldts Meinung war: »Preußen ist jetzt mehr als je eine Macht, der viele die Vernichtung geschworen haben, und es ist lange nicht kräftig genug, als daß die Sache unmöglich sein sollte. Was jetzt geschehen ist, kann nur Stufe sein. Wenn auch König, Minister, Jedermann das Gegenteil will, die Natur der Dinge und der Geist, der in diesem Jahrhundert weht, reißt alles mit sich fort.«

Humboldt hatte sich persönliche Anerkennung erworben, aber die nachgeordnete Stellung erklärte manchen Mißerfolg, den er in Wien einstecken mußte. Gerade, da er nicht wenige Wortführer an diplomatischem Geschick und scharfem Verstand überragte – und auch von seinen Fähigkeiten ohne Vorbehalte Gebrauch machte –, war er oft der Anlaß zu Kritik und Verdruß bei empfindlichen Gesprächspartnern. So kam es zu Streitigkeiten innerhalb der eigenen Länderdelegation.

Humboldt war mißtrauisch gegenüber seinem eigenen Kriegsminister. Diesen General von Boyen forderte Humboldt vor Beginn einer internen Sitzung auf, den Saal wieder zu verlassen. Das war für den General zu viel: »Ist das ein Mißtrauensbeweis?« Doch er erhielt die beißende Antwort: »Wir sind hier nicht auf dem Kasernenhof! Ich sehe mich wahrlich nicht genötigt, Ihnen Rede und Antwort für meine Entscheidungen zu stehen.« Das ging entschieden gegen die Offiziersehre! Und sofort war sich der General seiner Verantwortung bewußt: »Hier brauchen Sie mir keine Antwort zu geben – wohl aber auf dem Duellplatz!«

Humboldt als Beleidigter nahm die Herausforderung an.

Pistolen standen auch sofort bereit. Was aber schwierig war: einen Duellplatz in der belebten Kongreßstadt zu finden. Weit ab von Wien wurde schließlich am Donauufer eine abgelegene Wiese ausgemacht.

»Humboldt duelliert sich«, so raunten sich dann die Herren auf dem Staatsbankett zu. Der Kongreß hielt den Atem an.

Und dann begann das Duell: Der General hatte den ersten Schuß. Er verfehlte Humboldt. Dann erhob dieser seine Pistole. Jedoch der Schuß löste sich nicht.

Der Ausgang war »lapidar« – so sagte man, fast enttäuscht. Das Duell war für die Beteiligten gut ausgegangen, sie waren der Sorge um ihre Familien und um mögliche diplomatische Verwicklungen enthoben. Der Kongreß tagte weiter.

In Wien fand die Zeit, da seit Jahrhunderten die deutsche Nation zum ersten Male sich wieder gegen auswärtige Unterdrückung erhob, einen enttäuschenden Ausgang. Für Humboldt waren die acht Monate Tätigkeit die an Arbeit, aber auch an Mißerfolgen reichste Zeit. Niemals bekam er »die Abhängigkeit von Krone und Kanzler und die Ohnmacht seiner Position stärker zu spüren«. All das belastete ihn, er wünschte sich weit weg von der Betriebsamkeit der Menschen auf dem Wiener Kongreß und sehnte sich nur noch nach Beschäftigung mit Fragen der Wissenschaft und Literatur.

ALEXANDER PUSCHKIN

Bedeutendster russischer Dichter

GEBOREN: 6. JUNI 1799 IN MOSKAU.
GESTORBEN: 10. FEBRUAR 1837 IN PETERSBURG.

Puschkin entstammt einem alten Adelgeschlecht. Von 1811 bis 1817 besuchte er das Lyzeum in Zarskoje Selo, wo er seine ersten Gedichte schrieb und 1812 die patriotische Erhebung gegen Napoleon I. erlebte. 1817 trat er in den Staatsdienst, wurde mit den Freiheitsideen der Adelsrevolutionäre (späteren Dekabristen) bekannt. Wegen einiger besonders provokanter Epigramme wurde er nach Südrußland verbannt. Dort schuf er neben Gedichten mehrere Verserzählungen, und es entstanden die ersten Kapitel seines berühmten Versromans »Eugen Onegin«. 1824 wurde er aus dem Staatsdienst entlassen und auf das Gut der Eltern Michailowskoje verbannt; erst 1825 nach der Zerschlagung des Dekabristenaufstands wurde die Strafe aufgehoben. 1826 wies ihm Zar Nikolaus I. Moskau als Aufenthaltsort an und unterstellte ihn seiner persönlichen Zensur. Im Februar 1831 vermählte sich Puschkin mit der neunzehnjährigen Natalja Gontscharowa und siedelte nach Petersburg über. Dort vollendete er sein Meisterwerk »Eugen Onegin«. In den folgenden Jahren wandte er sich vermehrt der künstlerischen Prosa zu. In einem durch höfische Intrigen ihm auf-

gezwungenen Duell fand der freiheitsliebende Dichter 1837 den Tod. Er wurde im Kloster Swjatye Gory (nahe Michailowskoje) beigesetzt.

Puschkins Vater, Sergej Lwowitsch stammte aus einem Adelsgeschlecht mit sechshundertjährigem Stammbaum und war ein reicher Gutsbesitzer. Die Mutter, Nadeshda Ossipowna, war die Enkelin von Abraham Petrowitsch Hannibal, dem Mohren des Zaren Peter I. (des Großen). Hannibal war der Sohn eines regierenden abessinischen Fürsten und kam als Geisel nach Konstantinopel; der russische Gesandte brachte ihn mit nach Rußland. Hier wurde er von Peter I. militärisch ausgebildet. Hannibal starb im Range eines Generals en chef in hohem Alter. Im Äußeren Puschkins waren viele Züge seines Urgroßvaters erhalten. Schon im Kindesalter wurde Alexander, der damals dick und schwerfällig war, von den Eltern gegenüber der älteren Schwester Olga und dem jüngeren Bruder Lew zurückgesetzt. Mit dem neunten Lebensjahr begann der junge Puschkin leidenschaftlich zu lesen und bereits Gedichte zu schreiben.

Puschkin wird von den Russen liebevoll verehrt. In seinen Werken, mit seiner Sprache rührte er Geist und Gemüt der Menschen im Tiefsten an. Gogol schrieb über ihn: »Keiner unserer Dichter kann mehr national und zugleich allgemeingültig sein als Puschkin. Dieses Recht gehört ihm allein. In ihm war eingeschlossen der ganze Reichtum, die ganze Kraft der Sprache. ...«

Puschkin soll nur einen Meter achtundfünfzig »groß« gewesen sein. Er war krausköpfig, trug zeitweise einen dichten Backenbart und hatte durch seine Abstammung eine dunkle Gesichtsfarbe und etwas wulstige Lippen. Zeitgenossen fanden ihn von »interessanter Häßlichkeit«, eine »Mischung aus Affe und Tiger«. Er liebte die Frauen, und sie liebten ihn. Er war ein exzellenter Reiter und gut zu Fuß, schlank, kräftig, biegsam und raschen Schrittes, er besaß einen lebhaften Blick, heftige Gebärden und eine angenehme Stimme, er war unerschrocken und schüchtern zugleich. Puschkin war eine sanguinische Natur: himmelhoch jauchzend oder zu Tode betrübt, er konnte aus der heitersten Stimmung in tiefste Verzweiflung fallen. Er war ein Mensch, der sich keinen Zwang antat, der im Theater bei schwachen Stücken lauthals lästerte und die Leute verärgerte. Frack und Zylinder trug er genauso sicher wie ein rotes Kattunhemd mit blauer Schärpe und Strohhut. Entsprechend seinem Herkommen verhielt er sich gegenüber Duellen nicht ausweichend. Seine Freunde hielten ihn für leichtsinnig, für einen Verschwender seiner Gaben – und sie bewunderten ihn. Er sehnte sich in der Verbannung nach Paris und London. Da ihm das Ausland verwehrt war und er in der Provinz leben mußte, nannte er sich selbst »einen riesengroßen Affen, der jeden foppt«. Mit Ausnahme einer kurzen Zeit war er sein Leben lang verschuldet. Er heiratete die schönste Frau Moskaus, die er in seinen Aufzeichnungen über seine Abenteuer mit Frauen als seine hundertdreizehnte bezeichnete. Mit der dreizehn Jahre jüngeren Natalja hatte er vier Kinder. In seinem letzten Duell starb er für sie.

Auf einem der Moskauer Bälle wurde Puschkin 1828 mit der sechzehnjährigen Natalja Nikolaewna Gontscharowa bekanntgemacht. Sie stammte aus Moskau, und ihre Bildung bestand in guter französischer Sprache und ausgezeichnetem Tanzen. Aber sie war von seltener Schönheit! Puschkin verliebte sich leidenschaftlich in sie. Er ließ sich ihren Eltern vorstellen, doch diese verhielten sich äußerst kühl. Die Mutter war sehr religiös, und Puschkin äußerte uneingeschränkt seine freidenkerischen Meinungen. Im April 1829 hielt Puschkin um Nataljas Hand an. Er bekam zwar keine direkte Absage, doch sollte er noch warten, bis die Tochter alt genug sei.

In der gleichen Nacht fuhr Puschkin zu den kämpfenden Truppen in den Kaukasus; Rußland befand sich zu dieser Zeit im Kriegszustand mit der Türkei. Als die Pest ausbrach, kam Puschkin nach Moskau zurück. Und wieder begann er, die Gontscharowa ständig zu besuchen. Am 18. April 1830 machte er einen zweiten Heiratsantrag. Diesmal wurde er angenommen.

Die offizielle Verlobung fand am 18. Mai 1830 statt. Jedoch schon bald kam es zu einem Zerwürfnis mit der Schwiegermutter wegen der fehlenden Mitgift. Puschkin bot Natalja sogar die Aufhebung der Verlobung an. Doch Puschkins Vater wollte ihm mit einem Teil der Güter abfinden. So fuhr der Dichter zu Beginn des Herbstes 1830 nach Boldino, um ein Gut zu übernehmen und seine Eigentumsverhältnisse zu regeln. Er gedachte nicht lange wegzubleiben. Aber eine Choleraepedemie versperrte ihm die Rückreise. Überall herrschte Quarantäne.

Woche um Woche, Monat um Monat vergingen in Boldino. Puschkin war niedergeschlagen. Die Briefe seiner Verlobten erleichterten ihn: Sie wolle auch ohne Mitgift (die dann aber Puschkin selbst stellte) seine Frau werden. Der Dichter beschäftigte sich mit dem Ausgang der französischen Juli-Revolution, die auf Belgien, Deutschland, die Schweiz, Italien und ab Mitte November 1830 auch auf Polen übergriff. Während der drei Monate in Boldino schrieb Puschkin so leicht wie nie zuvor, obwohl es draußen unaufhaltsam regnete und stürmte. Der Herbst wirkte auf Puschkin immer belebend; es war seine Lieblingsjahreszeit.

Ende November 1830 gelang es Puschkin, endlich aus Boldino fortzukommen. Am 17. Dezember traf er in Moskau ein. Die Hochzeit mit Natalja fand am 2. März 1831 in der Himmelfahrtskirche auf der Bolschaja Nikitskaja (jetzt Herzenstraße) statt.

Puschkin schrieb an seinen Freund: »Ich bin verheiratet – ich bin glücklich. Ich habe nur den einen Wunsch, daß sich nichts in meinem Leben ändern möge, denn etwas Besseres kann ich nicht erwarten. Dieser Zustand ist so neu für mich, daß mir scheint, als sei ich nochmals geboren.« (Seine damalige Wohnung auf dem Alten Arpad ist heute wiederhergestellt und als Museum eingerichtet.) Doch seine Schwiegermutter drängte sich zwischen das junge Glück, so daß die Familie des Dichters Mitte Mai nach Zarskoje Selo und im Oktober nach Petersburg übersiedelte.

Der Hof und der Zar waren von der Schönheit der Frau Puschkins entzückt. Natalja galt bald als die mondänste Frau in der Petersburger Gesellschaft. Puschkin schrieb: »Die Sorgen des Lebens lassen keine Langeweile aufkommen. Aber ich habe nicht mehr die zum Schreiben notwendige Muße des freien Junggesellenlebens. Ich drehe mich mit in der Gesellschaft, meine Frau ist groß in Mode, das alles verlangt Geld. Geld erhalte ich durch meine Arbeiten, aber die Arbeit erfordert Zurückgezogenheit.« Im Herbst 1831 wurde Puschkin als Beamter des Amtes für Auswärtige Angelegenheiten mit einem Jahresgehalt von 5000 Rubeln angestellt, was aber einem Tropfen auf den heißen Stein gleichkam.

Der Dezember 1832 hielt für den Dichter noch ein freudiges Ereignis bereit: Er wurde in die Russische Akademie aufgenommen.

Ende September 1833 fuhr Puschkin nach Boldino; er zog sich zurück, um in Ruhe schreiben zu können. Nach eineinhalb Monaten fruchtbarer Arbeit kehrte er nach Petersburg zurück. Im Anitschkow-Palast wurden inzwischen intime »Zarenabende« veranstaltet, zu denen jedoch nur Personen mit Hofrang eingeladen werden konnten. In dem Wunsch, Natalja Zutritt zu verschaffen, unterschrieb Zar Nikolaus I. zu Silvester 1833 folgenden Erlaß: »Dem im Ministerium für Auswärtige Angelegenheiten tätigen Titularrat Alexander Puschkin haben wir hiermit Allergnädigst den Stand eines Kammerjunkers unseres Hofes verliehen!« Damit war Puschkin an den Hof gebunden und mußte zu offiziellen Anlässen erschienen. Der Zar erreichte aber mit seinem Erlaß zwei Ziele gleichzeitig: Er konnte, sooft er selbst wollte, mit der jungen und wunderschönen Frau zusammenkommen, und gleichzeitig demütigte er den Dichter, den er zutiefst haßte. Denn zu Kammerjunkern wurden normalerweise Siebzehnjährige ernannt, und der fünfunddreißigjährige, schon ergrauende Puschkin mußte unter ihnen lächerlich wirken.

Der Dichter stand auf der Höhe seines Schaffens, als sich sein Publikum plötzlich von ihm abkehrte. Die strenge und zurückhaltende Einfachheit seiner Poesie und seine gedrängte Prosa befriedigte viele der Leser nicht mehr. Effektvolle phrasenhafte Gedichte, wie die von Benediktow, waren gefragt, oder schwülstige Prosa eines Markinskis. Puschkin blieb auf einmal unbeachtet, außerdem wurden seine Werke in immer stärkerem Maße durch die ständige Zensur des Zaren behindert.

1834 kam ein junger Franzose nach Petersburg, Baron Charles d'Anthès, ein Anhänger der Bourbonen. Er diente nun in Petersburg als Gardeoffizier. In der Gesellschaft nahm er sofort eine bedeutende Stellung ein. Zwanzigjährig, von großer Gestalt, mit schönen Gesichtszügen und lustigen Augen, selbstsicher und geistreich – so war er in allen Salons ein gerngesehener Gast. Außerdem war er der Adoptivsohn des niederländischen Gesandten Baron van Heeckeren.

D'Anthès verliebte sich in Puschkins Frau. Er verstand es, sie aufzuheitern; in seiner Gesellschaft fühlte sie sich vergnügt und unbeschwert. Beide wollten von Literatur, Zeitschriften und Politik – die Puschkin beschäftigten – nichts wissen. Sie tanzten auf allen Bällen fast nur miteinander. Immer offener machte d'Anthès der jungen Frau den Hof. Puschkin wurde auf äußerste gereizt. Nach anonymen Schmähbriefen an ihn und seine Bekannten, als deren Quelle er die niederländische Botschaft vermutete, forderte Puschkin im November d'Anthès zum Duell. Überraschend hielt der junge Offizier um die Hand der fast dreißigjährigen Schwester Nataljas an. Sie war Hoffräulein und seine Geliebte. Puschkin zog daraufhin die Duellforderung zurück.

D'Anthès heiratete am 22. Januar 1837 die Schwester Jekaterina, was ihn aber nicht davon abhielt, seinen herausfordernden Umgang mit Frau Puschkina fortzusetzen. Auch überlistete er sie und traf sich heimlich mit ihr bei einer Freundin. Puschkin vertraute seiner Frau und zweifelte nicht an ihrer Treue, doch die Rolle des »Gehörnten«, die man ihm schadenfroh zuschrieb, machte ihn rasend. Und man sprach nicht nur allein von d'Antès, auch der Zar sollte vor aller Augen mit Natalja geflirtet haben. Nach Aussagen des Autors Weressajew ist zu vermuten, daß der Zar selbst ein Duell provozierte.

Schließlich war das Maß für Puschkin voll, und er schrieb am 7. Februar 1837 einen Brief voller maßloser Beleidigungen an van Heeckeren, in dem er dessen Adoptivsohn einen »Gauner und Schuft« nannte sowie auf zweideutige Beziehungen der beiden Männer anspielte.

Nach diesem Brief war das Duell unvermeidlich. D'Anthès schickte seine Forderung. Genau das hatte Puschkin erreichen wollen, und so nahm er sie an. Was muß in ihm vorgegangen sein! Er fühlte sich als Opfer des niederträchtigen Klatsches der »vornehmen Gesellschaft« von Petersburg. »Die Verleumdung ist ein Lüftchen«, läßt der Dichter den Basilio singen, aber aus diesem Lüftchen wurde mit der Zeit für Puschkin, der zur Eifersucht neigte, ein Orkan. – Doch nun überkam ihn eine eisige Ruhe. Er hatte keine Energie mehr, der ihm verhaßten Gesellschaft weiterhin entgegenzutreten. Seine Briefe geben Auskunft darüber, wie unglücklich und einsam er sich fühlte. War für ihn das Duell Mittel zum Zweck, um das Schicksal auf die Probe zu stellen? – Doch nun überstürzten sich die Ereignisse.

Das Duell wurde für den anderen Tag festgesetzt. D'Anthès' Sekundant sollte Vicomte d'Archiac sein und Ort sowie Bedingungen festlegen. Puschkin hatte Mühe, in der Eile einen Sekundanten zu finden. Es wurde, mehr durch Zufall, sein Schulkollege, Oberstleutnant Danzas.

Es kam der 8. Februar 1837. Die Duellpistolen wurden besorgt. Nachmittags gegen fünf Uhr sollte das Duell stattfinden, auf einer Lichtung am Flüßchen Tschernaja-Retschka, nahe Techonarja. Keine der beiden Ehefrauen, die Schwestern Natalja und Jekaterina, wußten etwas davon. Zwar gab der Zar Befehl, Polizisten an den Kampfplatz zu beordern, doch wurden diese in eine falsche Richtung geschickt. Man war offenbar gar nicht daran interessiert, von der »unliebsamen Person« Puschkin eine sich anbahnende Tragödie abzuwenden. – An jenem Tage trafen sich in Petersburg im Gastraum in der ersten Etage des Cafés Wolf und Berangé Puschkin und sein Sekundant. Sie tranken noch einen Kaffee, ehe sie sich im Schlitten zum »Schwarzen Flüßchen« fahren ließen.

Es war ein eiskalter Tag. Der Schnee knirschte. Danzas, äußerst nervös, hoffte immer noch, daß Polizisten kämen, um den Kampf zu verhindern.

Am vereinbarten Platz wartete bereits die Gegenpartei. Die beiden Sekundanten grüßten sich, die Gegner nicht. Entgegen allen Gepflogenheiten fehlte ein Arzt. Das Duell war in so großer Hast vereinbart worden, daß nur die vier Personen zugegen waren. Zwischen den Bäumen suchten sie eine Lichtung, etwas gegen Wind geschützt und vom Fahrweg nicht einzusehen. Die Sekundanten stampften den Schnee fest und schritten den Abstand ab, ihre Mäntel, auf dem Schnee ausgebreitet, dienten als Barrieren. Die Vereinbarung lautete: im Abstand von 20 Schritt hatten sich die Duellanten aufzustellen; jeder fünf Schritt hinter den beiden Barrieren.

Die Duellanten nahmen Aufstellung. Die Sekundanten reichten ihnen die Pistolen. Puschkin ging schnell zur Barriere und begann zu zielen. Doch d'Anthès schoß sofort – noch einen Schritt vor der Ziellinie. Puschkin stürzte auf den Mantel, er war ganz ruhig – er lag mit dem Gesicht nach unten. Die Sekundanten und auch d'Anthès stürzten zu ihm. Puschkin kam zu sich. Er hob den Kopf und sagte: »Wartet. Ich fühle in mir noch genügend Kraft, um den Schuß abzugeben.« Sein Gegner kehrte auf seinen Platz zurück, er wandte Puschkin die Seite zu und bedeckte die Brust mit der rechten Hand. Puschkin richtete sich etwas auf. Halb liegend begann er zu zielen. Mit der linken Hand stützte er sich auf. Er zielte sehr lange. Die Zeitspanne erschien den Anwesenden endlos, vor allem d'Anthès. Er wußte, daß das für den Dichter die letzte Gelegenheit war, mit ihm abzurechnen. Der Schuß ging los. D'Anthès stürzte nieder. Puschkin warf die Pistole hoch und rief: »Bravo!« Dann fiel er besinnungslos in den Schnee.

Die Kugel hatte d'Anthès' Hand durchschossen und war an einem Knopf abgeprallt. Puschkin sagte, als er zu sich kam und das Resultat noch nicht wußte: »Sonderbar, ich dachte, es würde mir ein Vergnügen bereiten, ihn zu töten, aber jetzt fühle ich das nicht ... Übrigens ist es ganz gleich. Sobald wir wiederhergestellt sind, fangen wir von neuem an.«

Puschkin war in den Bauch getroffen worden. Die Kugel hatte die Därme zerrissen, das Kreuz zerschmettert und war darin steckengeblieben. »Sagen Sie mir aufrichtig, was halten Sie von meiner Wunde?« fragte Puschkin, nachdem er nach Hause gebracht und gebettet worden war. »Ich kann es nicht verhehlen, Ihre Wunde ist gefährlich.« Puschkin: »Ist sie tödlich?« – »Ich halte es für meine Pflicht, Ihnen das nicht zu verheimlichen!« Zu seiner Frau sagte Puschkin: »Mache dir keine Vorwürfe wegen meines Todes. Das ist eine Angelegenheit, die nur mich allein anging.« Er lag zwei Tage mit unsäglichen Schmerzen.

Der Dichter Alexander Puschkin starb am 10. Februar 1837 nachmittags drei Viertel drei Uhr. Er war achtunddreißig Jahre alt.

Dichte Menschenmengen versperrten die Straße vor dem Hause Puschkins. Es kamen so viele Trauernde herbei, wie sie Petersburg bis dahin noch nicht gesehen hatte. Die Erinnerungen nennen zehn- bis fünfzigtausend Menschen. Es waren einfache Menschen, die ihm die letzte Ehre erwiesen, Studenten, kleine Beamte, Kaufleute, das »niedere Volk«. Der hohe Adel nahm daran keinen Anteil.

Die letzten Jahre hatte Puschkin in einer entsetzlichen gesellschaftlichen, kulturellen und familiären Einsamkeit gelebt. »Lebe allein!« hatte er bitter zu sich selbst gesagt und nicht ahnen können, daß er Tausende, ja Zehntausende wahrer Freunde außerhalb dieses Kreises, in dem er litt und langsam zugrunde ging, hatte.

Auf seinen Brief an den Zaren, in dem er diesen bat, ihm und seinem Sekundanten zu vergeben, seine Schulden zu begleichen und für seine Frau sowie die Kinder zu sorgen, antwortete Nikolaus I., er nehme die Familie unter seine Obhut. D'Anthès wurde zum Soldaten degradiert und mit seiner Frau ausgewiesen. Baron van Heeckeren ließ sich abberufen. Natalja ging mit den Kindern und ihrer zweiten Schwester Alexandra, die den Dichter sehr verehrt und geliebt hatte, aufs Land. Der galante Zar versorgte die Familie, die zum erstenmal schuldenfrei wurde. Sieben Jahre nach dem Tod des Dichters heiratete Natalja einen Offizier.

Am 13. Februar 1837 fand, bewacht von Polizei und Beamten, die Totenmesse für Puschkin in der Konjuschennaja-Kirche statt. Am 15. Februar überführte Alexander Turgenjew, vom Zaren dazu bestimmt, den Sarg nach Michailowskoje, für seine öffentliche Überführung hatte man einen Aufstand befürchtet. Am 18. Februar fand im Morgengrauen auf dem Friedhof des Klosters Swjatye Gory in hartgefrorener Erde die Beisetzung statt. – Der Tod ließ die vielen Menschen, die seine Dichtungen liebten, den unersetzlichen Verlust für die russische Literatur ermessen.

»Was in Italien Dante und Petrarca, in Frankreich die Großen des 17. Jahrhunderts, in Deutschland Lessing, Schiller und Goethe geleistet haben, das leistete Puschkin für uns«, schrieb Anatoli Lunatscharski. Puschkin war es, der die russische Literatursprache schuf. Er führte die russische Literatur zur Weltgeltung. Als einziger russischer Dichter genoß er bereits zu Lebzeiten weltweiten Ruf. Gerade aber weil seine Worte so schlicht sind, lassen sie sich oft schwer übersetzen. Trotzdem erscheinen seine Werke in vielen Sprachen. Von seinen über 500 Gedichten wurden etwa 150 vertont. Von seinen großen Werken lieferten mehrere den Stoff zu berühmten Opern, wie »Ruslan und Ludmilla« von Glinka, »Eugen Onegin« und »Pique Dame« von Tschaikowski oder »Boris Godunow« von Mussorgski. Puschkin fand Worte, die »Menschen auch heute noch benutzen können, um sich auszudrücken, Worte, die ihre Empfindungen besser ausdrücken, genauer, schöner als andere«.

MICHAIL LERMONTOW

Russischer Dichter.

GEBOREN: 14./15. OKTOBER 1814 IN MOSKAU.
GESTORBEN: 27. JULI 1841 IN PJATIGORSK.

Lermontow wurde auf dem Gut seiner einflußreichen Großmutter erzogen; nach dem Studium in Moskau von 1829 bis 1832 besuchte er eine Offiziersschule in Petersburg (1834 Gardeoffizier). Seine ersten größeren Gedichte schrieb er noch unter dem Einfluß Byrons, fand jedoch bald zu seiner eigenen dichterischen Form. Die bevorzugten Themen seiner Werke waren vor allem soziale Probleme (z. B. der unterdrückten Bauern) und das Streben nach Freiheit. In dem Gedicht »Auf den Tod des Dichters« (1837) sprach er die adlige Gesellschaft am Tode Puschkins schuldig. Lermontow wurde deshalb vom Zaren Nikolaus I. gemaßregelt und das erste Mal auf ein Jahr und 1840 wegen eines Duells ein zweites Mal an die Kaukasusfront strafversetzt. Im gleichen Jahr erschien sein Meisterwek, der psychologische Roman »Ein Held unserer Zeit«. 1841 fand Lermontow – wie vier Jahre zuvor der von ihm hochverehrte Alexander Puschkin – in einem Duell den frühen Tod. Anläßlich seines 175. Geburtstages wurde ihm zu Ehren in Pensa ein Literaturmuseum eröffnet.

Lermontows leidenschaftliches Gedicht auf Puschkins Tod 1836 beginnt mit den Worten:

> »Der Poet ist tot, er fiel als Sklave der Ehre ...«

und er ließ es ausklingen:

> »Die Akkorde deiner wunderbaren Gesänge, verklungen,
> Können nicht mehr ertönen.
> Die letzte Zuflucht des Dichters ist eng und dunkel,
> Und sein stummer Mund versiegelt.«

Lermontow war fassungslos, als er die Nachricht vom Tode des Berühmten erfuhr, und er trauerte mit vielen Menschen in Rußland, war er doch ein glühender Verehrer Puschkins. Dieser hatte es wie kein anderer verstanden, die Gefühle des Volkes in Worte zu fassen. Seine Verse hatten auch die Menschen außerhalb des Landes erreicht.

Nun sahen viele erwartungsvoll auf den dreiundzwanzigjährigen Lermontow. Bekannt geworden waren vor allem schon seine Gedichte »Es kommt der Tag« (1831) oder »Der letzte Sohn der Freiheit« (1832), die mit großer Kraft die Gedanken der Mitglieder der fortschrittlichen Studentenzirkel wiedergaben, die sich gegen die geistige Unterdrückung durch die zaristische Autokratie wandten und sich nach Freiheit sehnten. In seinem Drama »Die Maskerade« (1835) griff er die höchste Adelsgesellschaft an. Die Veröffentlichung wurde verboten. Finanziell störte das Lermontow wenig. Er hatte eine überaus reiche Großmutter schottischer Abstammung, die ihren Enkel umsorgte, dafür aber darauf bestand, er dürfe seine Offizierslaufbahn nicht aufgeben.

So wurde ihm das Leben eines Gardeoffiziers immer verhaßter: Spiel, Gesellschaften, Bälle, Amüsements. Er zeigte sich zynisch, ironisch, hochnäsig gegen andere. Wegen seiner boshaften Bemerkungen war er gefürchtet und machte sich oft unbeliebt. Nur ganz wenige Freunde kannten sein empfindsames und feinfühliges Wesen. In seinen Werken offenbarte er sich ganz. So erschien 1840 sein Roman »Ein Held unserer Zeit«, der ihn berühmt machte. Der Dichter schilderte die Tragödie der gebildeten und freiheitlich denkenden Jugend seiner Zeit, die mit der gesellschaftlichen

Stagnation und Oberflächlichkeit unzufrieden war, sich vereinsamt fühlte und ihr Leben als nichtig ansah – wie er selbst.

Um so mehr waren seine Kameraden erstaunt, daß Lermontow die Prinzessin Schtscherbatow zu umwerben begann. Man schrieb den Winter 1840 in Petersburg. Mit ihm war der Sohn des französischen Botschafters, Georges Barante, um die Gunst dieser schönen Witwe bemüht. Es schien jedoch, daß sie dem Dichter den Vorzug gab. Es ist nun anzunehmen, daß sich Lermontow Dritten gegenüber dazu in einer als zynisch empfundenen Weise äußerte. Das hinterbrachte man Barante. Der war tief beleidigt und stellte während eines Balles den jungen Offizier zur Rede: »Ist es wahr, Monsieur, daß Sie sich über eine Dame unserer Bekanntschaft in einer Art und Weise geäußert haben, die ich nicht tolerieren kann?« Lermontow stellte sein Glas Champagner ab und fragte seelenruhig zurück: »Von wem sprechen Sie eigentlich?« Das Gespräch verschärfte sich: »Keine Ausflüchte. Sie wissen sehr gut, um wen es sich handelt, Monsieur!« – »Nun, ich versichere Ihnen, daß das, was man Ihnen hinterbracht hat, nicht der Wahrheit entspricht. Darüber hinaus bin ich nicht bereit, weitere Erklärungen abzugeben.« Daraufhin Barante: »Wenn wir in Frankreich wären, wüßte ich nur zu gut, wie man die Affäre bereinigen könnte.« Lermontow entgegnete scharf: »Der russische Ehrenkodex ist nicht weniger streng. Wir gestatten erst recht nicht, daß man uns ungestraft beleidigt.« Barante forderte Lermontow zum Duell.

Im Offizierskorps und vor allem im Polizeistab um Benkendorf wurde man aufmerksam. Galt doch in Rußland strenges Duellverbot! Außerdem hatte Lermontow in seinem kühnen Gedicht »Auf den Tod des Dichters« die Adelsgesellschaft am Tode Puschkins für schuldig erklärt und besonders Benkendorf immer wieder direkt angegriffen.

Zwei Tage nach der ausgesprochenen Forderung kam es zum Duell. Als Ort wurde eine Stelle am Ufer des »Schwarzen Flusses« bestimmt. Entgegen dem Duellritus waren nur je ein Sekundant zugegen; auch wurden die Bedingungen vorher nicht festgelegt. Die Sekundanten waren: vom Franzosen ein Landsmann und von Lermontow der Regimentskamerad Stolypin. Der eine brachte Degen, der andere Pistolen mit.

Auf einem freien, von Birken umwachsenen Platz nahmen die Duellanten Aufstellung. In seiner lässig-zynischen Art sagte Lermontow: »Sie fühlen sich beleidigt, also überlasse ich Ihnen die Wahl der Waffen.« Worauf Barante zum Degen griff. Das Gefecht dauerte nicht lange: Die Spitze von Lermontows Degen brach ab. Barante macht eine schnelle Parade, schlitzte das Hemd seines Gegners auf und verletzte ihn an der Brust, aber nicht wesentlich. Noch war keiner kampfunfähig. So griff man zu den Pistolen. Die Sekundanten legten fest, daß beide Gegner zur gleichen Zeit schießen sollten. Barante zielte schnell und traf nicht. Lermontow schoß absichtlich in die Luft.

Das Duell ging für beide Gegner glimpflich aus. Aber was darauf folgte, war für Lermontow schlimm. Als Offizier hatte er gegen das Verbot gehandelt und wurde nun vor ein Kriegsgericht gestellt. Ganz besonders war Polizeichef Benkendorf sein härtester Gegner. Er erwirkte auch eine ungemein scharfe Verurteilung: den Verlust der bürgerlichen Rechte sowie des Offiziersranges. Lermontow wandte sich sofort an den seiner Familie verbundenen Großfürsten Michael. Und er bat ihn, sich beim Zaren Nikolaus I. um Gnade einzusetzen. Der Zar verwendete sich auch für den in Rußland beliebten und bekannt gewordenen Dichter. – So wurde Lermontow ein zweites Mal an die Bürgerkriegsfront in den Kaukasus strafversetzt, aber ohne weitere Sanktionen. Mit ihm sein Sekundant und Freund Stolypin.

Im Infanterieregiment von Tanginstrig sollten sie sich im Feldzug gegen die aufständischen Bewohner der Berge bewähren. Im Begleitschreiben des Zaren stand: »Lermontow soll die Chance gewährt werden, sein Vergehen durch besonderen Diensteifer wettzumachen!« Wollte man den Unbequemen in die Schußlinie bringen?

Beim Kampf war Lermontow stets in vorderster Front, als wolle er gleichsam das Schicksal herausfordern. Doch keine tödliche Kugel traf ihn. Im Sommer 1841 kam es zu einer Kampfpause. Das Regiment rückte nach Pjatigorsk ein. Hier lernte er verbannte grusinische Intellektuelle und Dekabristen kennen. Er beschäftigte sich intensiv mit dem Leben der Bergvölker. Dies sowie die herrliche Natur verschafften ihm neue Eindrücke und Themen. Unter den Offizieren war er jedoch weiterhin der Zyniker. In seinen Kreisen verkehrte auch ein Major im Ruhestand namens Martinow. Er trug meist tscherkessische Phantasieuniformen, war affektiert und aufbrausend. Den Schädel hatter er geschoren, schnürte die Patronengürtel kreuzweise und trug stets einen überlangen Dolch bei sich. Er wurde deshalb aufgezogen, zwar in aller Freundschaft. Auch Lermontow spöttelte über ihn, sooft er ihn sah. Und ebensooft verbat sich dies Martinow.

Am 13. Juli hatte ein General die Offiziere in sein Haus eingeladen. Es wurde getrunken, gesungen und getanzt. Lermontow ging zum Spieltisch. Neben ihm saß Lew Puschkin, der Bruder des toten Dichters. Sei es, daß Lermontow seiner Dame imponieren wollte, sei es, daß er Martinow beim Improvisieren eines Volkstanzes spaßig fand, er lächelte vielsagend und zeichnete eine eindeutige Karikatur auf den Spieltisch. Martinow bemerkte dies und hörte auch eine abwertende Bemerkung des Leutnants über seine Person. Der Major war wütend und sagte zu Lermontow: »Wie oft habe ich Sie gebeten, Ihre schlechten Scherze zu unterlassen, speziell, wenn Damen anwesend sind!« Die Freunde Lermontows waren wegen des heftigen Tones beunruhigt, aber dieser wies das von sich: »Unsinn, morgen sind wir wieder die besten Freunde!«

Doch noch am gleichen Tag erhielt Lermontow die Forderung zum Duell! Die Offiziere versuchten zwei Tage lang eine Versöhnung herbeizuführen. Martinow blieb hart. Der Kampf sollte am Abend des 15. Juli in einer Senke des Berges Matschuk stattfinden. In einer Beschreibung heißt es. »Die Sekundanten hatten einen romantischem Kampfplatz ausgesucht. Steiniger Boden, von Büschen umrahmt, im Hintergrund die Gebirgskette mit dem schneebedeckten Gipfel des Elbrus. Die Hitze war drückend ... jeden Augenblick drohte ein Gewitter auszubrechen.«

Die Sekunden der beiden Gegner fuhren in einem Wagen; sie führten die Pistolenkästen mit sich. Die Offiziere ritten zu Pferd. Trotz der unerträglichen Hitze waren alle guter Stimmung, hofften sie doch, daß sich die Angelegenheit im Guten auflösen möge, indem beide Gegner in die Luft schießen würden. Die Distanz betrug 15 Schritt. Als Markierung dienten Degen und Mütze der Sekundanten. Zehn Schritt dahinter nahmen die Duellanten Aufstellung. Es war ihnen freigestellt, nachdem ein Sekundant bis drei gezählt hatte, bis zur Markierung vorzurücken oder am Platz zu verbleiben. Geschossen werden durfte jedoch nur während des Zählens zwischen »Zwei« und »Drei«. Den Duellanten reichte man die geladenen Pistolen. Martinow richtete den Lauf direkt auf Lermontow. Dieser zielte in die Wolken. Er wirkte heiter und lächelte. Dann kam das Kommando des Sekundanten: »Eins!« – »Zwei!» Es hätte geschossen werden müssen, doch Martinow, der etwas nach vorn gestürmt war, zielte wiederholt über die Maßen lange, so daß Stolypin rief: »Schießt endlich, oder ich muß euch trennen!« Da ertönte der Schuß Martinows. Alle hielten den Atem an. Unheilvolle Bedrückung breitete sich aus. Der Himmel verdunkelte sich. Lermontow stürzte nieder! In diesem Moment heulten Sturmböen auf; Blitze durchzuckten die schwarzen Wolken. Was in Sekundenschnelle die Menschen erahnten, kam in der Natur zum Ausbruch. Wie gelähmt und bis auf die Haut durchnäßt schritten die Sekundanten zu Lermontow. »Tot!«

Die Zeugen waren erschüttert. Die Kugel des Gegners hatte Herz und Lunge zerfetzt. Mit siebenundzwanzig Jahren lag der hoffnungsvollste Dichter des Landes erschossen vor ihnen – wegen einer Lappalie, wegen eines »Ehrenhändels«. Welchen Sinn hatte das? Viereinhalb Jahre zuvor hatten ähnliche Ursachen Puschkin das Leben gekostet. Lermontows Worte über diesen hatten nun für ihn selbst Gültigkeit:

»Der Poet ist tot, er fiel als Sklave der Ehre ...«

Nach dem unvergleichlichen Puschkin wird Lermontow als der zweite große Dichter Rußlands in der ersten Hälfte des 19. Jahrhunderts geschätzt. Auch er rüttelte an den Ketten der Zarenherrschaft und zerbrach ebenfalls selbst daran, noch ehe er das sagen konnte, was er alles sagen wollte. In seinen Werken kam seine Sehnsucht nach einem sinnerfüllten Leben in harmonischer Gemeinsamkeit zum Ausdruck, aber auch die Empörung über die moralische Hohlheit der Adelsgesellschaft. Die Schönheit seiner Verse erschließt sich nicht nur dem russischen Volk, in dessen Sprache er sie schrieb, sie gingen als unverlierbarer Besitz in die Weltliteratur ein. In Deutschland schrieb bereits 1841, im Jahr des tragischen Duelltodes Lermontows, Varnhagen von

Ense: Er ist »die glänzendste … unter den neuen Erscheinungen russischer Poesie …, auf dem die höchste Weihe ruht.« Die Geschichte hat das bestätigt. So erschien etwa zehn Jahre danach die erste umfassende Nachdichtung seines poetischen Nachlasses in Deutschland in der Übertragung von Friedrich von Bodenstedt (1852).

Ebenso hatte sich Lermontow selbst um die deutsche Dichtung verdient gemacht, die er schöpferisch ins Russische übertrug, wie Schillers Balladen »Der Handschuh« oder »Der Taucher«, Heines »Fichtenbaum« oder Goethes »Über allen Gipfeln ist Ruh«. Vom letztgenannten Gedicht ist eine freie Nachempfindung erhalten, in der er den Thüringer Wald in die kaukasischen Berge versetzte. Der poetische Zauber seiner Verse erschließt sich uns noch heute:

»Worte, die nichtig
Und dunkel verrauschen,
Werden gewichtig,
Wenn tiefer wir lauschen.«

HEINRICH HEINE

Bedeutender deutscher Dichter des 19. Jahrhunderts, Essayist und Publizist.

GEBOREN: 13. DEZEMBER 1797 IN DÜSSELDORF.
GESTORBEN: 17. FEBRUAR 1856 IN PARIS.

Heine, jüdischer Abkunft und Sohn eines unbemittelten Textilkaufmanns, begann, nach dem Besuch des Lyzeums in Düsseldorf und erfolgloser kaufmännischer Betätigung in Frankfurt und Hamburg, 1819 das Studium der Rechte in Bonn (hörte hier aber vor allem Literaturvorlesungen bei August Wilhelm Schlegel); 1820 in Göttingen fortgesetzt (wegen eines studentischen Ehrenhandels relegiert), ab 1821 in Berlin (Bekanntschaft mit Rahel Varnhagen). 1825 tritt Heine zum Christentum über. Da er in seinen Bemühungen um ein öffentliches Amt scheiterte und auf die Unterstützung seines reichen Onkels Salomon Heine angewiesen war, versuchte er vom Ertrag seiner Feder zu leben. Von 1826 bis 1830 führte Heine, gesundheitlich stark angegriffen, ein unstetes Wanderleben (Hamburg, Lüneburg, Norderney, London, München, Italien, Berlin, Helgoland). Populär und berühmt wurde er durch seine »Reisebilder« (1826–31) und durch den Erfolg seiner Gedichtsammlung »Buch der Lieder« (1827). Aus Verstimmung über das Scheitern seiner akademischen Pläne, aus

Begeisterung für das liberale Frankreich und nicht zuletzt, um dem Verruf zu entgehen, in den er sich durch eine Fehde mit dem Grafen Platen gebracht sah, übersiedelte Heine 1831 nach Paris, wo er fortan als Dichter und Publizist tätig war. Seither betrachtete er es als seine Aufgabe, als Korrespondent für die Versöhnung der verfeindeten Nachbarvölker zu wirken. 1841 heiratete er Crescentia Eugenie Mirat (seine »Mathilde«). Eine üppige Lebensführung hielt den Dichter in beständiger Geldnot. Zu seinen unschönen Charakterzügen gehörte auch die Rachsucht , der wiederum die besten Stücke seiner literarischen Satire zu verdanken sind, wie z. B. »Ludwig Börne. Eine Denkschrift« (1840) oder »Deutschland. Ein Wintermärchen« (1844). Eine schwere Erkrankung des Zentralnervensystems mit fortschreitender Lähmung zwang ihn acht qualvolle Jahre bis zu seinem Tod in der »Matratzengruft«. Sein Grab befindet sich auf dem Montmartre-Friedhof in Paris.

Bereits in seiner Göttinger Zeit hatte Heine einen Kommilitonen auf Pistolen gefordert, obwohl er sich als ein entschiedener Gegner von Duellen ausgab, wie sein Spottgedicht »Duelle« zeigt:

Zwei Ochsen disputierten sich
Auf einem Hofe fürchterlich.
Sie waren Beide zornigen Blutes
Und in der Hitze des Disputes
Hat einer von ihnen, zornentbrannt,
Den andern einen Esel genannt.
Da »Esel« ein Tusch ist bei den Ochsen,
So mußten die beiden John Bulle sich boxen.

Auf selbigen Hofe, zu selbiger Zeit,
Gerieten auch zwei Esel in Streit,
Und heftig stritten die beiden Langohren,
Bis einer so sehr die Geduld verloren,
Daß er ein wildes I-A ausstieß,
Und den andern einen Ochsen hieß.
Ihr wißt, ein Esel fühlt sich touchiert,
Wenn man ihn »Ochse« tituliert.
Ein Zweikampf folgte, die beiden stießen
Sich mit den Köpfen und mit den Füßen,

Gaben sich manchen Tritt in den Podex,
Wie es gebietet der Ehre Kodex.

Und die Moral? Ich glaub', es gibt Fälle,
Wo unvermeidlich sind die Duelle;
Es muß sich schlagen der Student,
Den man einen »dummen Jungen« nennt.

Doch am Morgen des 7. September 1841 kam es zum spektakulärsten Duell der damaligen Zeit – zwischen Heinrich Heine und Salomon Strauß.
Ort des Duells: St. Germain in Paris.
Duellwaffen: Pistolen

Was war dem vorausgegangen?

Heine war bereits als Liederdichter und Publizist bekannt und stand im öffentlichen Interesse. Dies betraf ebenso Ludwig Börne, der als der bedeutendste politische Schriftsteller und Kritiker in Deutschland galt. Zunächst hatte Heine ihn verehrt, später jedoch nannte er ihn seinen »intimsten Feind«. Denn Börne hatte jahrelang alle Klatschereien über Heine, den »ungezogenen Sohn der Grazien«, gesammelt. Dadurch aber wurde Heines Rachsucht aufs äußerste angestachelt.

Börne verehrte innig Jeanette Wohl, eine politische Emigrantin, die am 7. Oktober 1832 jedoch nicht Börne, sondern den Kaufmann Salomon Strauß aus ihrer Heimatstadt Frankfurt heiratete. Er war zwölf Jahre jünger als Jeanette, galt als Ästhet sowie Kunstfreund und verehrte Börne über alle Maßen.

Die Heirat von Jeanette und Salomon Strauß erregte in der Öffentlichkeit Aufsehen, vor allem aber, daß die beiden Neuvermählten nach Paris zogen und zusammen mit Börne lebten. Die Gesellschaft stellte die unterschiedlichsten Spekulationen über die drei Personen an. Die Redereien verebbten erst, als der schwindsüchtige Börne bettlägerig wurde und im Mai 1837 mit einundfünfzig Jahren starb.

Nach dessen Tod veröffentlichte Heine seine respektlose Denkschrift über Börne. Vielleicht wollte er sich an der einstigen unseriösen Art seines »intimsten Feindes« Börne damit rächen. Aber Heines bissigen Verleumdungen erregten allgemein Unwillen und schadeten dem Spötter sehr. Es entstand ein großer Zeitungsskandal, und viele gute Freunde Heines sagten sich von ihm los.

Börne war bereits viele Jahre tot, als Salomon Strauß schließlich seine Rache an Heine nahm. Es war am 14. Juni 1841, an der Ecke der Rue Richelieu und der Rue St. Mare in Paris, als Strauß dem Dichter in den Weg trat und ihn herausfordernd beschimpfte. Den großen Dichter, damals schon im vierundvierzigsten Lebensjahr, ließ das kalt. Heine hatte eine Reise in das Pyrenäenbad Cauterets vor und antwortete, wenn man mit ihm zu sprechen habe, könne man wohl noch einige Wochen bis zu seiner Rückkehr warten. Sofort wurde in den Zeitungen berichtet, Heine sei »ausgerissen«, weil er sich davor fürchtete, Strauß Genugtuung zu geben. So kehrte der Dichter eher nach Paris zurück als geplant.

Heine selbst wählte Pistolen. Zuvor aber hatte es lange und peinliche Verhandlungen zwischen den Beauftragten gegeben, die zu nichts führten. Heine nahm nur mit schwerem Herzen die Herausforderung von Strauß an, denn er war ein erklärter Gegner des Ehrenhandels mit Waffen: Es sei »ein Vorurteil, die Ehre auf die Spitze des Schwertes zu stellen«.

Am 7. September 1841 wurden aber dann doch die Pistolen gezogen. Sekundanten Heinrich Heines waren: der wohlhabende Gutsbesitzer Tessier do Molo aus Vendée und der Korrespondent der »Allgemeinen Zeitung«, Dr. Heinrich Seuffert, Augsburg.

Als Sekundanten von Salomon Strauß fungierten: Dr. Raspail und Anton Hamburg. Als Arzt stand zur Verfügung: Dr. Schuster, Hannover.

Außer den Genannten war noch Zeuge des Duells: der Schriftsteller Eduard Kollof, der für Strauß die vorangegangenen Verhandlungen führte.

Heine war sich der Gefahr, in die er sich begab, vollauf bewußt. Strauß würde wohl die Chance nutzen, sich für alle Schmach zu revanchieren. Doch der ewige Spötter Heine war gezwungen, sich nach den Ehrbegriffen der von ihm Verlachten zu richten. Auch blieb ihm nichts weiter übrig, als sich dem Druck der Öffentlichkeit zu beugen.

Der Tag des Duells war also gekommen. Die Sekundanten steckten die Distanz von 30 Schritten mit 20 Schritten Barriere ab. Die Duellanten nahmen ihre Plätze ein. Da brach Heine schnell noch einen Zweig vom Baum, unter dem er stand. Später sagte er: »Ich stellte mich damit gleichsam unter den Schutz der Dreade, wir Poeten sind ein abergläubisches Volk.« Strauß schoß zuerst. Die Kugel steifte Heines Hüfte, sie war an seinem Portemonnaie abgeprallt und hatte nur eine geringfügige Schramme hinterlassen. »Gut angelegtes Geld!« rief Heine.

Nun war er an der Reihe: Er schoß! Seine Kugel pfiff in die Luft – absichtlich! Tief beleidigt verließ Strauß den Platz, ohne seinen Gegner eines Blickes zu würdigen.

Heine übergab danach Jeanette Wohl-Strauß eine Ehrenerklärung mit dem Versprechen, die Verunglimpfungen in seinen Publikationen zu tilgen – was er auch gehalten hat.

Wie sehr Heine das Duell zu Herzen ging, zeigte sich auch darin, daß er acht Tage vor dem Kampf heiratete, und zwar seine langjährige Lebenskameradin Crescentia Mirat (seine »Mathilde«), die schöne, aber verschwenderische Pariser Grisette. Am 31. August 1841 fand die Trauung in der Kirche St. Sulpice statt. Darauf machte er sein Testament und bestimmte Mathilde zur Universalerbin seiner Werke. Einem Freund schrieb er: »... daß ich einige Tage vor dem Duell, um Mathildes Position in der Welt zu sichern, in die Notwendigkeit versetzt war, meine wilde Ehe in eine zahme zu verwandeln. Dieses eheliche Duell, welches nicht früher aufhören wird, bis einer von uns getödtet, ist gewiß gefährlicher als der kurze Holmgang mit Salomon Strauß aus Frankfurt.«

Heines Ansichten zum Duell sind nicht nur im Gedicht überliefert. Auch in zahlreichen Briefen ergriff der Dichter Partei gegen Auseinandersetzungen mit Waffen: »Ich muß bekennen, daß ich die Ehre vor dem Gesetz nicht in dem Maße geschützt finde, wie ich als Sohn Germaniens sie nur zu denken von Jugend auf gewöhnt bin, und es bleibt mir nichts übrig, als da eine sittliche Grenze der Macht der Staatsgesetzgebung anzunehmen, wo die höhere Autonomie der Ehre ihren Anfang nimmt.«

So gern sich Heine mit Worten duellierte, so war und blieb dieses Pistolenduell mit Strauß des Dichters einziger wahre Kampf auf Leben und Tod für die Ehre.

ALEXANDRE DUMAS D. Ä.

Französischer Schriftsteller.

GEBOREN: 24. JULI 1802 IN VILLES-COTTERÊTS.
GESTORBEN: 5. DEZEMBER 1870 IN PUYS (BEI DIEPPE).

Dumas versuchte sich zunächst als Theaterschriftsteller; schrieb dann serienmäßig verfaßte historische Abenteuerromane wie »Die drei Musketiere« (1844) oder »Der Graf von Monte Christo« (1845/46). Er hatte enorm hohe Einnahmen, da er neben seiner literarischen Tätigkeit auch als Theaterdirektor und Direktor von Zeitungen wirkte. Infolge verschwenderischer Lebensführung zerrann sein Reichtum, und er starb tief verschuldet. Dumas galt zu seiner Zeit als der erfolgreichste Unterhaltungsschriftsteller Europas.

Alles was Dumas' Persönlichkeit betraf, interessierte nicht nur seine Landsleute, sondern ging mit Eifer durch die Gazetten Europas. Heftig kritisiert wurde vor allem seine »Romanfabrik«, in der er auch zahlreiche anonyme Zuarbeiter beschäftigte. Seine Werke wurden von allen Schichten der Gesellschaft gelesen. Seine Bücher erreichten hohe Auflagen; seine Stücke gehörten zum festen Repertoire der französischen Theater. Dumas sprühte voller Phantasie und war unermüdlich tätig. Als »Vollblut«-Franzose war er dem »Duellrausch« verfallen wie alle standesgemäßen Kreise in Paris. Schnell war er bereit, sein Leben zu riskieren – wegen einer ihm nicht genehmen Bemerkung oder einer Kritik. Vielleicht schöpfte er seine spannungsgeladenen Darstellungen von Duellszenen auch aus diesem eigenen Erfühlen.

Ein Duell erregte so großes Aufsehen, daß es monatelang die Presse des In- und Auslandes beschäftigte. Ausgangspunkt war ein Drama in fünf Akten »Der Turm von Nesle«. Verfaßt hatte es ein junger Schriftsteller namens Frederic Gaillardet und es dem Leiter des Theaters »Porte Saint-Martin« angeboten. Es war auch angenommen worden, zeigte sich aber szenisch als unwirksam. Man bat Dumas um Be- und Überarbeitung. Dieser nahm an, aber der junge Schrifststeller opponierte nachträglich wegen des eigenwilligen Eingreifens in sein Werk. Es kam zu heftigen Auseinandersetzungen. Schließlich wurde Einigung dahingehend erreicht, daß der junge und auch der gestandene Schriftsteller bei der Publikation ihrer »Sämtlichen Werke« jeweils ihren eigenen Namen als Autor einsetzen könnten. Jedoch auf dem Theaterprogramm sollte nur der Name Gaillardet stehen. Das Stück hatte enormen Erfolg. Allein in Paris waren es 800 Aufführungen.

Aber es gab erneuten Krach wegen der Autorenschaft: Auf dem Theaterprogramm war vor dem Namen des jungen Schriftstellers in provokanter Weise, nur gekennzeichnet mit drei Sternchen, Platz gelassen worden, so daß man sich den Namen von Dumas leicht dazudenken konnte.

Im Hause Dumas traf die Forderung Gaillardets ein. Er nannte ihn einen »Elenden und Feigen«. Dumas, der gerade eine Reise nach Nordfrankreich, Sizilien und Italien antreten wollte, nahm die Forderung sofort an. Er wollte ein Degenduell, jedoch beharrte der Beleidiger auf Pistolen. In seinen Memoiren, die Dumas 1852/54 veröffentlichte, bekannte er: »Ich hasse diese Waffe, und alle Zweikämpfe mit derselben haben stets einen widerwärtigen Eindruck auf mich gemacht, sie erscheint mir brutal und mehr eines Straßenräubers würdig, der den Reisenden im Walde überfällt und die Börse abfordert, als zur mannhaften Ausgleichung eines Ehrenhandels geeignet. Was ich aber besonders beim Duell fürchte, das ist weit mehr noch die Ungeschicklichkeit meines Gegners.«

Durch Los wurden die Sekundanten bestimmt. So kamen die besten Freunde Dumas' zum Gegner; es waren die Herren Fontan und Soulie. Dumas erhielt die ihm wenig vertrauten Herren Longpré und Maillon zu Seite. Als Arzt für Dumas war Dr. Birio gekommen. Das Duell wurde in St. Mandé ausgetragen. Distanz zunächst 30 Schritt; Schuß nach 15 Schritt Vorwärtsgehen.

Was er vor dem Duell mit den Sekundanten und seinem Arzt besprach, schilderte Dumas in einem Dialog:

Dr. Birio: »Wohin wirst du zielen?« – »Ich weiß es wahrhaftig nicht!« – »Er trägt Watte in den Ohren, schieß ihm durch den Kopf!« – »Da müßte er vor allen Dingen auch den Kopf seitwärts drehen.«

Dr. Birio wieder zu Dumas, der ganz ruhig war; »Ich hätte nicht gedacht, daß du an Ort und Stelle so kaltblütig sein wirst.« – »Gerade hier bin ich es am meisten. Ich habe in der Nacht nach der Herausforderung ziemlich schlecht geschlafen, aber es liegt in meinem Charakter, oder wenn du willst, in meinem Temperament, daß ich, je näher der entscheidende Augenblick kommt, desto ruhiger werde.« – »Ich möchte dir, wenn ihr einander gegenüberstehen werdet, den Puls fühlen, um zu zählen, wie viele Male er in der Minute schlägt.« – »Das steht dir ja frei!«

Wieder Dr. Birio: »Glaubst du, daß du ihn treffen wirst?« – »Ich befürchte es.« – »So gib dir ja alle Mühe! Hast du denn einen solchen Haß gegen ihn?« – »Ich? Nicht im mindesten. Ich kenne ihn ja fast gar nicht!«

Das Gespräch wurde während des Wartens weitergeführt, und der Arzt fragte Dumas, ob er die »Etruskische Vase« von Merimée gelesen habe. Der Dichter war ob der Frage sehr erstaunt. Der Arzt: »Nun, im Stück wird behauptet, daß ein tödlich von der Kugel Getroffener sich einige Male um sich selbst dreht, bevor er fällt. Ich möchte mich davon, vom rein wissenschaftlichen Standpunkt aus, selbst überzeugen.« Darauf Dumas: »Wenn dir ein Gefallen damit geschieht, will ich mir alle Mühe geben … es an mir selbst zu beobachten.«

Dann hatte der Gegner seine Stellung eingenommen. Das Duell konnte beginnen. Der erste Schuß gehörte Gaillardet.

Dieser hob die Pistole, zielte auf Dumas, wartete noch eine ganze Weile und drückte schließlich ab. Die Kugel pfiff an Dumas vorbei. – Er atmete auf! Nun war die Reihe an ihm. Zu schnell ging er vor – und schoß ebenfalls daneben. Temperamentvoll verlangte Dumas weiterzukämpfen – bis einer auf der Strecke bliebe. Der Gegner war einverstanden. Jedoch die Sekundanten, die um das Leben des berühmten Mannes bangten, weigerten sich, die Waffen nochmals zu laden. Ja, sie lehnten jeden weiteren Beistand ab. Damit war das Duell nach dem Ritual beendet. Die verhängnisvollen drei Sternchen und ihre Auswirkungen beschäftigten die Zeitungen von Paris noch lange Zeit.

Dr. Birio hingegen hatte später Gelegenheit sein wissenschaftliches Experiment an sich selbst zu erproben. Er nahm in Paris an der Revolution im Juni 1848 teil. Auf der Barrikade des Pantheons traf ihn ein Schuß durch die Lunge in das Rückenmark. Wie berichtet wurde, drehte er sich dreimal und rief noch: »Es ist richtig, man dreht sich!« Dann starb er.

Im Zusammenhang mit Dumas ist noch eine andere Dullgeschichte überliefert. Er schrieb gerade am »Grafen von Monte Christo«, als er eine Vorladung der Polizei erhielt. Er sollte in einem Skandalprozeß als Zeuge auftreten. Es ging um ein Duell zwischen Dujarier und Beauvallon.

Die beiden Gegner hatten sich in zweifelhafter Gesellschaft am Hasardspiel beteiligt. Dujarier hatte empfindlichen Verlust erlitten, während Beauvallon hohen Gewinn machte. Dujarier hatte sich von Beauvallon Geld geliehen, es aber danach zurückgezahlt. Sie trennten sich ohne direkte Beleidigung. Dujarier war deshalb höchst überrascht, als sich am Nachmittag des nächsten Tages zwei Herren bei ihm einfanden und die Forderung Beauvallons zum Duell überbrachten. Dujarier nahm der »Ehre halber« an, wußte aber nicht, warum er sich schlagen sollte. Da er erfuhr, daß Beauvallon als exzellenter Fechter galt, schlug er Pistolen vor, mußte jedoch bald hören, daß der auch in dieser Waffe ein Meister sei.

Wie es üblich war, übernahmen die Sekundanten die Aufstellung der Kampfordnung. Die Entfernung der Gegner sollte 30 Schritt betragen. Als Ort des Duells wurde der Bois de Boulogne bestimmt. Jeder sollte vor dem Schuß fünf Schritte vorgehen, um dann abzufeuern. Über die Bereitstellung der

Pistolen entschied das Los – ein hochgeworfenes Geldstück – zugunsten Beauvallons. Dessen Sekundant stellte die Waffen zur Verfügung. Er versicherte, diese vor einem Jahr für 700 Francs gekauft zu haben.

Der Morgen des 7. März 1845 war für das Duell bestimmt worden. Es schneite, und es wehte ein eiskalter Wind. Pünktlich 10 Uhr erschien Dujarier. Er fror. Von seinem Gegner fehlte jedoch jede Spur. Nach anderthalb Stunden rieten seine Sekundanten, den Heimweg anzutreten. Doch Dujarier meinte, er werde weiter warten, da er den Gang nicht noch einmal machen wolle. Schließlich traf Beauvallon mit einer Droschke ein. Es wurde begonnen, die Distanz abzumessen, und ein Sekundant von Beauvallon reichte die Pistolen. Ein Zeuge Dujariers bemerkte, daß die Läufe innen geschwärzt waren. Er sprach seine Besorgnis aus, daß die Pistolen ausprobiert worden seien. Der gegnerische Sekundant redete ihm das jedoch energisch aus und gab sein Ehrenwort, daß Beauvallon die Waffen unbekannt seien. Danach stellten sich die Duellanten auf. Ein vorbestimmter Sekundant gab das Zeichen für den Beginn. Dujarier hatte den ersten Schuß. Seine Kugel flog hoch über Beauvallon hinweg. Danach warf Dujarier seine Pistole von sich in den Schnee. Es war meist üblich, daß jeder Duellant die Waffe in der ausgetreckten Hand behielt, um dem eigenen Kopf Deckung zu geben. So wirkte jedoch die weiße Stirn als Zielscheibe.

Beauvallon, der nun an der Reihe war, zögerte zunächst irritiert, so daß ihm Dujarier zurief: »So schießen Sie doch, mein Herr, schießen Sie doch.« Das tat dieser auch treffsicher. Nach dem Schuß glaubte man zunächst, Dujarier sei nicht getroffen, denn er blieb einen Augenblick lang stehen und stürzte dann erst in den Schnee. Die Kugel Beauvallons war unter dem rechten Nasenflügel in den Kopf eingedrungen und hatte den Hinterkopf zerschlagen.

In jeder Beziehung war dies ein ungleicher Kampf. Dujarier, der gar nicht schießen konnte, stand einem geübten Pistolenschützen gegenüber. Was aber noch schwerer wog, war, daß Beauvallon außerdem mit seinen Sekundanten Betrug verübt hatte. Nach zwei Prozessen konnte bewiesen werden: Die Pistolen gehörten nicht dem Sekundanten, sondern dem Schwager Beauvallons. Vor dem Duell, während

Dujarier im Schnee wartete, hatte Beauvallon in der Wohnung seines Sekundanten mit diesen Pistolen geübt.

Dumas wurde bei dem Prozeß als Zeuge die Frage gestellt, ob er es für ehrlich halte, wenn der Stärkere von zwei so ungleichen Gegnern die Pistole auf den anderen abfeuere. Dumas antwortete: »Ja, es verschwinden alle Fragen der Ehre und des Edelmuts … vor der Frage der Existenz, die wir aufs Spiel setzen und die im Handumdrehen verloren gehen kann.« Verloren war das Leben Dujariers! Zutage kam die Manipulation eines Duells durch die Einwirkung vor allem auch von einem Sekundanten, und zwar dem des Gegners.

FRIEDRICH VON HINKELDEY

Polizeipräsident von Berlin.

GEBOREN: 1. SEPTEMBER 1805 IN SINNERSHAUSEN (THÜRINGEN).
GESTORBEN: 10. MÄRZ 1856 IN BERLIN.

Mit seinem Amtsantritt 1848 führte Hinkeldey viele soziale Verbesserungen ein, so den Bau von Bade- und Waschanstalten, Speise- und Versorgungseinrichtungen, Gesindeherbergen für arbeitslose Dienstmädchen; 1852 gründete er die Hinkeldey-Stiftung für hilfsbedürftige Bürger und initiierte für Berlin eine neue Feuerwehr.

In der Metropole Preußens war eine der gewichtigen Persönlichkeiten der Polizeipräsident. Er unterstand zu dieser Zeit direkt dem Minister des Innern und war Berater des Königs. Damals residierte Friedrich Wilhelm IV., und dieser tolerierte die Einstellung des Obersten der Polizei nach dem Grundsatz »Zucht und Ordnung«. So waltete Hinkeldey über das städtische und bürgerliche Leben diktatorisch, verhielt sich aber den Armen gegenüber loyal. Zum einen ließ er liberale oder konservative Zeitungen – nach persönlichem Ermessen – konfiszieren, zum anderen erhob er die Forderung, daß der Adel zugunsten der »allgemeinen Wohlfahrt« auf seine

Ausnahmestellung verzichten solle. Er zwang Ministerien und Gerichte, sich seinem Willen zu beugen. In diesen Kreisen war er deshalb eine sehr angefeindete und teilweise verhaßte Persönlichkeit. Die »kleinen Leute« aber verehrten ihn, denn auf unbegründete Anschuldigungen oder gar anonyme Denunziation ging er nicht ein. Sie nannten den Polizeichef »Vater Hinkeldey«. 1853 wurde er vom König zum Generalpolizeidirektor befördert.

In seiner Amtszeit wurde Hinkeldey mit Duellen ohne Zweifel oft konfrontiert, die er entsprechend den Gesetzen mit Strafen zu belegen hatte. Er selbst verstand aber in Sachen Ehre keinen Spaß und war als Polizeipräsident sogar bereit, diese mit der Waffe zu verteidigen. So kam es auch zu dem Duell mit dem einflußreichen und strebsamen Hans von Rochow.

Wie jedes Jahr im Sommer, so fand auch ab 20. Juni 1855 in Berlin der Wollmarkt statt, verbunden mit großen Pferderennen. Gäste aus anderen Ländern, Gutsbesitzer, Makler aus Mecklenburg und Pommern sowie viele Offiziere der Garnison weilten in der Stadt. Es herrschte ein geschäftiges Treiben, und abends trafen sich die gewichtigsten Männer im sogenannten Jockey-Club im »Hotel Nord«. Hinkeldey, als Generalpolizeidirektor, erhielt nun von oberster Stelle den Auftrag, das Hasardspiel zu unterbinden – auch in Kreisen der »höheren Gesellschaft«. Vor allem aber sollten zwei gewisse Offiziere dabei »in flagranti« erwischt werden, um einen Vorwand zu haben, sie aus Berlin ausweisen zu können. Für die Aktion wurde nun streng geheim der 23. Juni festgelegt. Eine Überzahl Polizisten durchsuchte den Jockey-Club so preußisch-korrekt, daß sich alle Anwesenden brüskiert und belästigt fanden, zumal die Polizei mit Arrestation zum Molkenmarkt drohte. Das aber war eine Überschreitung der Befugnisse. Unter den Anwesenden befand sich auch Leutnant von Rochow, der sich als Mitglied des Herrenhauses auswies, was jedoch wenig Beachtung fand. Dadurch fühlte er sich derart in seiner Ehre gekränkt, daß er schwor, sich Genugtuung zu verschaffen. Die zwei gesuchten Offiziere aber waren vermutlich vorher gewarnt worden und also gar nicht anwesend, so daß der ganze unliebsame Wirbel umsonst veranstaltet worden war.

Am 24. Juni 1855, also gleich am nächsten Tag, beschwerte sich Rochow schriftlich beim Generalpolizeidirektor und bat um Aufklärung des Vorfalls, vor allem darüber, was die außergewöhnliche Androhung einer Arretierung zu bedeuten habe. Hinkeldey antwortete umgehend und empfing Rochow und seinen Begleiter, Graf P., am Abend 18 Uhr. Der Polizeichef erläuterte die Hintergründe und versicherte auch, daß der Polizeibeamte, dem die Schuld an der Befehlsüberschreitung zukam, streng bestraft würde. Mit diesen Erklärungen begnügten sich der beleidigte Herr und sein Begleiter keineswegs. Sie gaben die Worte Hinkeldeys zu Protokoll, unterschrieben es und reichten es mit einer großen Beschwerde an den Minister des Innern, dem Vorgesetzten des Generalpolizeidirektors, weiter.

In den nun folgenden Wochen und Monaten gingen Schreiben mit Beschuldigungen und »amtlichen Erklärungen« dazu durch oberste Instanzen hin und her. Schließlich lief es darauf hinaus, daß Hinkeldey einer amtlichen Lüge bezichtigt wurde. Und Rochow, der keine Ruhe gab, bestand auf einer Klärung des Konfliktes. Daraufhin antwortete der Minister des Innern am 4. März 1856, daß er »nach wiederholter Prüfung keine Veranlassung habe, jene Angelegenheit im amtlichen Wege weiter zu verfolgen«.

Hinkeldey fühlte sich als Generalpolizeidirektor derart in seiner »persönlichen und amtlichen« Ehre verletzt, daß er sein Abschiedsgesuch einreichte. Am 6. März 1856 ließ er Rochow die Forderung zum Duell überbringen. Dieser lehnte zunächst ab, da er in der Lage sei, für seine Behauptung den Beweis antreten zu können. Schließlich stimmte er doch einem Duell zu: »aus Entgegenkommen der Auffassung des Herrn von Hinkeldey über die standesgemäße Erledigung des bestehenden Konfliktes« wolle er daher lieber zu oft, als auch nur einmal zu wenig persönliche Genugtuung gewähren, wenn solche von ihm gefordert werde.

Und Hinkeldey blieb zu seiner Zeit nur die Pistole übrig, um mit derselben die Ehre seiner Amtsführung und Pflichterfüllung zu verteidigen.

»So erlebte man denn das Schauspiel, daß der Chef der Polizei, dessen Aufgabe es sein muß, Duelle zu verhüten, resp. zur Anzeige zu bringen, selbst zur Waffe griff, um sich

Satisfaktion zu verschaffen.« Dies ist einem authentischen Bericht zu entnehmen.

Das Duell fand am 10. März 1856 statt.

Als Augenzeuge berichtete der Arzt Dr. Ludwig Hassel, der Hinkeldey in den Jahren vorher öfters behandelt hatte: Ich »wurde am 9. März 1856 durch den damaligen Polizeioberst Patzke aufgefordert, mich am Morgen des 10. März in einer ›ehrenvollen ärztlichen Angelegenheit‹ bei dem Geheimen Oberregierungsrat Freiherrn von Münchhausen in dessen Wohnung einzufinden und Verbandmittel mitzubringen. Von hier aus fuhr man in zwei Wagen nach Charlottenburg. Im ersten saßen Hinkeldey und Münchhausen, im zweiten saß ich allein. In der Nähe des Charlottenburger Chausseehauses hielten die Wagen; man traf dort auch den alten Polizeidirektor Dr. Maaß, mit dem Hinkeldey einige Worte sprach, ehe die Wagen weiterfahren konnten. Es ging nun in scharfem Trabe über das Forsthaus Königsdamm nach dem Walde, der sogenannten Charlottenburger Jungfernheide. Durch den Wald schritt man zu Fuß nach dem Ort des Rendezvous, wo Herr von Rochow mit seinem Sekundanten schon wartete. Es fehlte aber noch der Unparteiische, das Herrenhausmitglied Herr von der Marwitz; er erschien erst eine Viertelstunde später – eine aufgezogene Brücke, unter der Kähne passierten, hatte ihn zurückgehalten.«

Das Duell begann in üblicher Form um 10 Uhr. Marwitz versuchte es noch einmal mit einer Versöhnung – vergeblich! Dr. Hassel berichtete: »Die geistige und körperliche Verfassung Hinkeldeys muß schrecklich gewesen sein; der Unglückliche litt an Ahnungen und mochte an seine Frau und seine sieben Kinder denken. Am Beginn des Deulls versagte Hinkeldeys Pistole, er ließ sich eine zweite reichen. Nun erfolgten die Schüsse. Rochow blieb unverletzt stehen, Hinkeldey dagegen machte eine halb zirkelartige Bewegung und sank dann in die Arme von Münchhausen und mir, die ihn sanft zur Erde gleiten ließen. Ich sah sofort, daß die Verwundung schlimm war; arterielles Blut strömte aus dem Munde. Jedoch der Schuß hatte den Generalpolizeidirektor tödlich getroffen! Die Kugel war sofort in die Lunge gedrungen. Mit Hilfe der beiden Kutscher und des Dieners wurde Hinkeldey in den Wagen geschafft. Um nicht Rochow der

Gefahr einer Verhaftung auszusetzen, beschloß man, nicht nach Berlin zurückzufahren, sondern Hinkeldey zum Polizeidirektor Maaß zu bringen.« – Wegen der Schnelligkeit, mit der die Abwicklung erfolgen mußte, war es allen Beteiligten schwer, die Tragweite des Geschehens zu erfassen: Der Chef der Sicherheit und Ordnung hatte sich dem Duellverbot widersetzt. Er hatte sich strafbar gemacht! Und die tödliche Kugel hatte ihm gegolten – dem Generalpolizeidirektor!

Vor dem Kampf hatte Hinkeldey ein Schreiben an König Friedrich Wilhelm IV., der sich gerade in Charlottenburg aufhielt, gerichtet und um Vergebung gebeten; aber das Schriftstück erhielt der König zu spät. Zur Trauerfeierlichkeit am 13. März reihten sich die Menschen zu einem langen Zug. Groß war deren Erbitterung, denn »ihr« Chef der Polizei hatte für die »Kleinen« viel getan. Und Berichte hielten damals fest: »Nach der Leichenfeier kam Se. Majestät nach dem Charlottenburger Schloß in sehr gedrückter Stimmung und zog sich den ganzen Tag über von seiner Wohnung zurück, den Tag dem Andenken seines getreuen verstorbenen Ratgebers widmend.« Aber schließlich wurde auch Rochow, der zu leichter Festungshaft in Magdeburg verurteill worden war, auf »edles Ersuchen« begnadigt, denn das Duell, zwar verboten, gelte aber in politischen Dingen im praktischen Leben als zulässig, und der Angeklagte könne sich ihm nicht entziehen, weil er dadurch die Achtung seiner Amts- und Standesgenossen verlieren würde.

FERDINAND LASSALLE

Deutscher Schriftsteller und sozialdemokratischer Politiker.

GEBOREN: 11. APRIL 1825 IN BRESLAU.
GESTORBEN: 31. AUGUST 1864 IN GENF.

Als Sohn eines wohlhabenden jüdischen Kaufmanns sollte Lassalle ebenfalls Kaufmann werden, studierte aber ab 1842 drei Jahre in seiner Vaterstadt und danach in Berlin Philosophie, Philologie und Geschichte. Er wollte die akademische Laufbahn einschlagen und ging 1845 nach Paris, wo er die Lehren Luis Blancs kennenlernte. Frühzeitig den sozialdemokratischen Ideen zugeneigt, beeinflußte er später maßgeblich die Gründung des Allgemeinen Deutschen Arbeitervereins 1863, der ersten unabhängigen Arbeiterorganisation, deren Präsident er wurde. Er starb an den Folgen einer tödlichen Verletzung im Duell.

Lassalle war eine widersprüchliche Persönlickeit, ein origineller Denker und ein Mann mit genialen politischen Fähigkeiten. Sein großer Ehrgeiz, seine ungewöhnliche Arbeitskraft und seine brillante Rednergabe machten ihn zu einen der größten Agitatoren seiner Zeit. Ihm wurde nachgesagt, er habe edle Gesichtszüge, eine gute Figur und einen Charakter von Eigensinn, Besessenheit und maßloser Eitelkeit. Er galt als großer Frauenverführer. Als Sohn des reichen jüdischen Kaufmanns Lassal aus Breslau ging er 1845 nach Paris, wo er sich entschloß, seinen Namen die französische Form »Lassalle« zu geben. Die Formalitäten kosteten viel, aber Geldsorgen kannte er nicht. Promovieren wollte er über die Philosophie des Griechen Heraklit (um 544 – 483 v. Chr.). Lassalle beschäftigte sich aber nicht nur mit Philosophie, sondern auch mit Literatur. Darüber wurde er um 1844 mit Heinrich Heine bekannt. Dieser bekundete seine Meinung über Lassalle in einem Empfehlungsschreiben überschwenglich: »Ein junger Mann mit der gründlichsten Gelehrsamkeit, mit dem weitesten Wissen, mit dem größten Scharfsinn, der mir je vorgekommen ist.« Heines politische Ansichten beeinflußten Lassalle sehr. Schon im Elternhaus war er in einer Atmosphäre liberalen Gedankenguts, jüdischer Traditionspflege und politischer Auseinandersetzungen herangewachsen. Die Rückständigkeit der deutschen Zustände bedrückte ihn. Als unerträglich empfand der selbsbewußte, eigensinnige junge Mann den latenten Antisemitismus und damit einhergehende Demütigungen. Lassalle war entschlossen, für die Unterdrückten zu kämpfen. Noch als er studierte, verfaßte er ein »Manifest«, in dem er seine Ideen festhielt. Die herrschende Gesellschaftsordnung bezichtigte er des »organisierten Raubs«. In diesem Schriftstück, aber auch in Reden, forderte er seine Umgebung auf, der »ganzen Welt den Krieg zu erklären«. In Leipzig, einem der Zentren der Demokratie und des Liberalismus, gelang es ihm, eine kleine Gruppe um sich zu scharen.

1846 unterbrach der einundzwanzigjährige Student Lassalle seine politische und wissenschaftliche Tätigkeit. Es begann für ihn die bedeutungsvolle Freundschaft mit der über zwanzig Jahre älteren Gräfin Sophie von Hatzfeldt. Das bedeutete für die damalige Zeit einen Eklat! Lassalle begann für sie den Ehescheidungsprozeß zu führen und damit gleichsam einen Kampf gegen die ihm verhaßte Gesellschaftsordnung: »Soziale Unterdrückung existiert so lange, wie ein einziges Individuum unterdrückt wird!« Jedoch im Zusammenhang mit Angelegenheiten des Grafen Hatzfeldt wurde Lassalle eines Kassettendiebstahls beschuldigt und am 20.

Februar 1848 in Potsdam verhaftet. Er kam nach Köln ins Gefängnis, wo er ein halbes Jahr auf die Verhandlung warten mußte. In der Zwischenzeit begann die Februarrevolution 1848. In rascher Folge erfaßte sie die Klein- und Mittelstaaten und erlebte ihren Höhepunkt in den Barrikadenkämpfen am 18./19. März 1848 in Berlin. Lassalle saß in dieser entscheidenden Zeit in Haft. Als es im August 1848 zum Prozeß kam, hielt er eine »revolutionär-feurige« Verteidigungsrede. Die Zeitungen proklamierten ihn zum bedeutungsvollsten Gerichtsredner Deutschlands. Die Sache der Gräfin wurde zur Sache der Demokratie und Freiheit. Lasalle wurde freigesprochen. Seine politischen Anhänger und viele Demokraten bereiteten ihm einen triumphalen Empfang.

Wieder in Freiheit, beteiligte sich Lassalle aktiv an den revolutionären Bewegungen im Rheinland. Hier lernte er im Spätsommer 1848 Marx und Engels kennen. Beide rangen, gestützt auf die »Neue Rheinische Zeitung« und die Mitarbeit in den demokratischen und Arbeiterorganisationen, um die Vereinigung aller demokratischen Kräfte zur Abwehr der Konterrevolution. Die Revolution sollte vollendet werden, was eine Vereinigung der deutschen Arbeiter erforderlich machte. Lassalle zeigte sich als unermüdlicher Streiter. Er agitierte immer und immer wieder in leidenschaftlichen Reden. In Düsseldorf rief er die Arbeiter am 13. November zur offenen Revolte auf. Er wurde ergriffen und kam ins Gefängnis. Er schrieb Aufrufe, während die Revolution in ihre letzte Etappe trat. Höhepunkt dieser Phase waren die bewaffneten Kämpfe um die Anerkennung der von der Frankfurter Nationalversammlung am 28. März 1849 angenommenen, von den Regierungen der großen deutschen Staaten jedoch abgelehnten Reichsverfassung. Die Niederwerfung der Reichsverfassungskampagne durch preußische Truppen brachte den Abschluß der Revolution – es war ihre Niederlage. Die Arbeiterorganisationen wurden verfolgt, verboten oder aufgelöst. Die maßgeblichen Streiter, unter ihnen Marx und Engels, hatten Deutschland verlassen müssen. Es gab keine selbständige Arbeiterorganisation mehr.

Im Mai 1849 wurde Lassalle aus dem Gefängnis entlassen. Man gab ihm den guten Rat, ebenfalls in die Emigration zu gehen. Aber er blieb. Er stritt und kämpfte gegen Polizei und

Gerichte. Und er gewann im Sommer 1854 den Hauptprozeß gegen den Grafen Hatzfeldt. Dieser hatte im Vergleich 300 000 Taler zu zahlen. Der Gräfin stand nun sehr viel Geld zur Verfügung, und sie setzte ihrem »Streiter« eine Jahresrente von 5000 Talern aus. Die Gräfin und Lassalle lebten luxuriös in Düsseldorf. Trotzdem vergaß dieser nicht seine »politische Mission«. In der Wohnung verbarg er Verfolgte vor der Polizei oder er half hnen zur Flucht, auch gab er Emigranten Unterstützung.

Neben den politischen Aktivitäten vergaß Lassalle aber auch seine wissenschaftliche Ambition nicht. 1858 schloß er sein Manuskript »Die Philosophie Herakleitos' des Dunklen von Ephesos« ab. In Berlin suchte er für die Publikation seines Werkes einen Verleger. Entfernt von Gräfin Hatzfeldt, ging er eine Liaison nach der anderen ein. Vor allem hatte es ihm die Frau seines Verlegers, Franz Gustav Duncker, angetan. Doch Lina Duncker hatte noch andere Verehrer. Und so kam es, daß ein Staatsbeamter den »überheblichen Salonlöwen aus der Provinz« zum Duell forderte. Lassalle ließ ihn jedoch wissen, daß er das Duell als ein bürgerliches Vorurteil ansehe, es verstoße gegen seine politischen Prinzipien. Schließlich kam es zwischen den beiden zu Schlägereien; der Gegner wollte Lassalle aus Berlin ausweisen lassen, und nun erwog der »Bannerträger der Revolution« seinerseits, seinem Widersacher eine Forderung zum Duell überbringen zu lassen. Interessant ist, daß Lassalle dazu die Meinung von Marx einholte. »Ich habe das Duellieren stets als versteinertes Überbleibsel einer vergangenen Epoche angesehen – unvereinbar mit den Prinzipien der Demokratie. Doch wenn ich nichts unternehme, könnte man mich der Feigheit zeihen.« Marx, nachdem er Engels einbezogen hatte, schrieb zurück, ein Duell sei nur dann gerechtfertigt, wenn es den einzigen Ausweg aus einem tiefen persönlichen Konflikt biete. Das sei jedoch nicht der Fall. Ein Duell sei eine Farce, speziell als Rücksicht auf die öffentliche Meinung.

Es kam zu keinem Duell!

Lassalle verbrachte die nachfolgende Zeit mit Reisen nach Sardinien, einem Besuch beim italienischen Nationalhelden Garibaldi und nach England zu Marx. Auch arbeitete er an seinem Drama aus dem Bauernkrieg »Franz von Sickingen«

sowie an der politischen Schrift »Das System der erworbenen Rechte«. Und immer wieder wurde in der Skandalpresse von einer neuen Liebschaft berichtet.

Anfang 1860 erließ der König eine Amnestie für Emigranten; die Zensur wurde gelockert; die politischen Aktivitäten konnten verstärkt werden. Es entstanden Arbeiterbildungsvereine. Hier kam es immer wieder zu Forderungen nach freier Diskussion aller politischen Fragen und nach der Einberufung eines deutschen Arbeiterkongresses. Die Entwicklung ging zunächst von Berlin aus, wurde jedoch von reaktionären Kräften zurückgeschlagen. In dieser Situation war es zum Vorteil, daß in Leipzig seit 1848/49 doch ein fester Kern fortschrittlicher Arbeiter bestehen geblieben war.

Anfang 1862 hatte Lassalle erneut mit der Arbeiteragitation begonnen. Er sprach in Berlin, Frankfurt, im Rheinland und in Leipzig. Seine Reden und Schriften waren agitatorisch äußerst wirksam und begeisterten viele. Im Februar 1863 wandte sich ein Komitee Leipziger Arbeiter an ihn mit der Bitte, ein Programm für einen allgemeinen deutschen Arbeiterkongreß zu entwerfen. In dem daraufhin verfaßten »Offenen Antwortschreiben« legte er den Arbeitern sein sozialistisches Programm vor, dessen Grundgedanke der Zusammenschluß der fortschrittlichen Arbeiterschaft zu einer »selbständigen politischen Partei« war.

Am Vormittag des 23. März 1863 kamen im Leipziger »Colosseum« (später Konzert- und Ballhaus Pantheon) Delegierte aus mehreren deutschen Großstädten zusammen. Sie waren Vertreter der kleinen Schar fortgeschrittener Arbeiter im damaligen Deutschland, die sich versammelten, um den Allgemeinen Deutschen Arbeiterverein (ADAV) zu konstituieren. Das Ziel stand in Paragraph 1 des vorbereiteten Statuts: »Die wahrhaftige Beseitigung der Klassengegensätze auf friedlichem Wege« durch das allgemeine, gleiche und direkte Wahlrecht. Im Laufe des Tages berieten die Delegierten über dieses Statut, über die Wahl des Präsidenten des ADAV und die Zusammensetzung des Präsidiums. Am Abend kamen einige hundert Leipziger Arbeiter ins »Colosseum«. Soeben war als Präsident Ferdinand Lassalle gewählt worden. Die Arbeiter jubelten ihm begeistert zu. Es war der Höhepunkt seines politischen Wirkens.

Im Frühjahr 1864 wurde Lassalle wiederholt wegen seiner politischen Reden und Flugschriften vor Gericht geladen, jedoch auf Grund seiner überzeugenden Selbstverteidigung stets freigesprochen. Die Gerichtsverhandlungen, seine politische Tätigkeit, aber auch seine private Lebensführung hatten ihn in äußerstem Maße überanstrengt. Er beschloß deshalb, zur Kur in die Schweiz zu reisen. Um alle Angelegenheiten vorher zu regeln, fuhr er nach Leipzig und ins Rheinland.

In der Schweiz traf Lassalle im Juli 1864 ein. Er hatte in Rigi-Kaltbad Quartier bezogen, das so hoch lag, daß man es nur zu Pferde erreichen konnte. Hier hoffte er die ersehnte Ruhe und Erholung zu finden. Doch es kam ganz anders. Die temperamentvolle und schöne Helene von Dönniges hatte schon viel von dem »feurigen Revolutionär« gehört. Als sie nun von seiner Ankunft erfuhr, »hatte sie sofort mit Freundinnen eine Rigi-Partie organisiert, um mich aus Kaltbad abzuholen. Natürlich stürmte ich mit auf den Kulm hinauf, wo wir alle übernachteten.« So schrieb Lassalle an die inzwischen sechzigjährige Gräfin Hatzfeldt. Diese mag zwischen den Zeilen mitempfunden haben, daß die junge Helene auf den für Frauenschönheiten sehr empfänglichen Lassalle einen großen Eindruck machte. Helene äußerte, sie sei »von dem Anblick und der Rede des großen, schlanken und schönen Mannes mit dem römischen Cäsarenkopf sofort fasziniert gewesen«. Helene war die Tochter eines Diplomaten in der Schweiz, der im Dienste Bayerns stand. Verlobt war sie mit dem rumänischen Bojaren Janko von Racowiţa. Doch nun behandelte Lassalle die junge Frau, als seien *sie* seit Jahren miteinander verlobt. Er wollte Helene heiraten. Es war zwischen beiden abgesprochen, daß er noch in Sommer die Eltern aufsuchen solle, um mit seiner faszinierenden Gabe, durch seine Rede die Menschen zu fesseln, diese für sich zu gewinnen.

Helene hatte angedeutet, daß ihre Eltern in der Verbindung mit dem »Demagogen«, der außerdem in den Kassettendiebstahl in Angelegenheit des Grafen Hatzfeldt verwikkelt war, schwer einwilligen würden. Die Hindernisse, die einer Verheiratung mit Helene entgegenstanden, reizten Lassalle nur noch mehr. Aus Wabern bei Bern schrieb Helene an Lassalle: »Ich will und werde Ihr Weib sein!« Und an Janko richtete sie einen Abschiedsbrief. Lassalle berichtete der Gräfin Hatzfeldt, die gegen diese Verbindung war: »Es ist wirklich ein nicht geringes Glück, in einem Alter von doch schon 39 und einhalb Jahren ein Weib zu finden, so schön, von freier und zu mir passender Persönlichkeit, ferner, das mich so liebt und endlich, was bei mir absolute Notwendigkeit, ganz in meinen Willen aufgeht.«

Am 3. August 1964 fuhr Helene nach Genf, um von den Eltern die Einwilligung zu einer Verbindung zu erlangen. Ihre Bemühungen verliefen erfolglos. Lassalle war ebenfalls nach Genf gereist und wohnte in der Nähe der Familie Dönniges. Helene schickte ihm Zeilen der Verzweiflung. Jedoch ehe er einen Entschluß fassen konnte, erschien sie persönlich: »Ich bin das unglücklichste Geschöpf auf der Welt. Hier hast du meine Sache; mach mit mir, was du willst.« Helene erhoffte eine Entführung nach Frankreich, um die Eltern vor vollendete Tatsachen zu stellen. Jedoch der »feurige Mann« versuchte sie zu beruhigen, sprach sehr vernünftig mit ihr – und führte sie zur Mutter zurück. Eugen Dühring, Philosoph und Nationalökonom, schilderte die Situation: »Sie war in Genf aus der Wohnung ihrer Eltern ... zu ihrem Heros geflohen, hatte ihr Schicksal ihm völlig anvertraut – und siehe da, der große Mann, der starke Geist mit dem losgebundenen Leben hinter sich, der Held der Arbeiterbewegung ... der gewaltige Politiker und zugleich feine Diplomat, legte hier ein Hauptzeugnis aller seiner großen Eigenschaften ab, indem er sie fein säuberlich zu ihrer Mutter in die Gefangenschaft zurückführte ... Der Verschmähung eines solchen Vertrauens, verbunden mit der beschämenden Lection, die in der Verwerfung ihres Schrittes lag, verträgt kein Weib.«

Es war zu spät. Lassalle hatte sich Helenes Gunst für immer verscherzt. Mochte er sein Tun und Handeln bereuen wie er wollte!

Verwandte der Familie Dönniges kamen zu Lassalle, um ihn zu einer Verzichtserklärung auf Helene zu bewegen. Man wies auch auf die Schwierigkeiten hin, die durch die politische Position des Vaters entstehen könnten. Es half nichts: Lassalle gab nicht nach. In Briefen bat er um ein Gespräch mit dem Vater. Er erhielt keine Antwort. Um einen Beistand zur Seite zu haben, schrieb er seinem Freund, Oberst Rüstow, dem ehemaligen Stabsoffizier Garibaldis und deutschen Emigranten: Es gehe »um einen rein persönlichen Dienst, aber um Leben und Tod«.

Lassalle fühlte sich tödlich verletzt. Am 4. August 1864 teilte er dazu Gräfin Hatzfeldt mit: »Noch viel mehr, als des Mädchens Verlust, zerbricht mich meine Gimpelei. Wenn ich sie nicht durch Sieg ausgleichen kann, verachte ich mich selbst für immer auf das schnödeste.« Er flehte die Frau, die er »wahnsinnig liebe«, um ein persönliches Gespräch an; reiste ihr nach. Doch Helene hatte sich von »dem Verräter« völlig gelöst, vom Vater Verzeihung erbeten und verließ Genf. Oberst Rüstow überbrachte Lassalle ein Schreiben Helenes: »... erkläre ich ihnen freiwillig und aus voller Überzeugung, daß von einer Verbindung zwischen uns nie die Rede sein kann, daß ich mich von Ihnen in jeder Beziehung lossage und fest entschlossen bin, meinem verlobten Bräutigam ewige Liebe und Treue zu widmen.« Lassalles Eitelkeit war aufs tiefste verletzt, daß seine Liebe auf solche Weise verschmäht wurde: »Ich hätte nicht verdient, auf eine so Unwürdige zu treffen!« Auch glaube er, Helene sei wider ihren Willen zu allem vom Vater gezwungen worden. Von Dönniges wurde für ihn, wie ehemals Graf Hatzfeldt, zum Symbol der verhaßten »herrschenden und raubenden Klasse«.

Lassalle schaltete Behörden ein, um eine Audienz beim König zu erhalten. Über den bayerischen Außenminister wurde schließlich ein Sonderbeauftragter in die Schweiz geschickt. Am 19. August1864 reiste Gräfin Hatzfeld nach Genf, um mit Helene zu sprechen, aber sie spielte nur eine unrühmliche Rolle, sicherlich nicht zugunsten des Freundes. Alles das wuchs sich schließlich zu einem »Genfer Skandal« aus.

Auch Oberst Rüstow, der mit dem bayerischen Sonderbeauftragen bei Dönniges Verhandlungen geführt hatte, konnte Lassalle nur noch mitteilen, daß er seine Hoffnungen auf Helene aufgeben müsse. Diese stritt ab, je ein Treuegelöbnis gegeben zu haben: »Ich bin der Sache überdrüssig!« Lassalle tobte.

Er fühlte sich betrogen, verraten und beschimpft; vor allem hatte er sich selbst – und die Wirkung seiner Persönlichkeit –

überschätzt: »Mir, an mir sollte man ungestraft solches Spiel getrieben haben! Gegen mich sollte man solche Beleidigungen gewagt haben! Mich sollte man mit solcher Lächerlichkeit, mit solchem Hohn und Spott bedecken können! Ich muß Rache haben!«

Am 26. August 1864 forderte Lassalle den Vater Helenes zum Duell: »Nachdem ich durch den Bericht von Oberst Rüstow vernommen habe, daß ihre Tochter Helene eine verworfene Dirne ist und es folgeweise nicht mehr meine Absicht sein kann, mich durch eine Heirat mit ihr zu entehren, habe ich keinen Grund mehr, die Forderung der Satisfaction für die verschiedenen mir von Ihnen widerfahrenen Avancen und Beleidigungen länger zu verschieben und fordere Sie daher auf, mit den beiden Freunden, die Ihnen diese Erklärung überbringen, die erforderlichen Verabredungen zu treffen.«

Es war unvermeidlich, daß nach dieser Beschimpfung ein Duell folgen mußte! Auch dem Verlobten Helenes hatte Lassalle ein provokantes Schreiben geschickt: »… daß ich Ihnen gern ein Glück von nun an ungetheilt gönne, auf das ich meinestheils nach den heute erlangten Überzeugungen freudig verzichte.« Daraufhin floh der Vater in aller Eile nach Bern, um die »Vertretung der Familienehre» seinem künftigen Schwiegersohn anzuvertrauen. Dieser nahm die Forderung an.

Lassalle selbst drängte auf baldige Durchführung des Duells. Seine Sekundanten sollten sein: Oberst Rüstow und Oberst Becker. Letzterer zog seine Zusage jedoch zurück, an seine Stelle trat General Graf Bethlen. Dieser kam mit den gegnerischen Sekundanten, Graf Kayserlingk und Dr. Arndt, am Nachmittag des 27. August in die Wohnung von Oberst Rüstow, um die Vorverhandlungen zu führen. Sie bestanden zunächst darauf, Lassalle solle Abbitte leisten und die Briefe Helenes zurückgeben. Das wurde zurückgewiesen. Bei zweiten Verhandlungen am gleichen Tag forderte die Gegenpartei »gezogene« Pistolen, die Vertreter Lassalles »glatte«. (»Gezogene« Pistolen enthalten im Lauf ein Gewinde, das der Kugel einen sogenannten Drall verleiht, wodurch die Treffsicherheit erhöht wird.) Schließlich einigte man sich auf »glatte« Pistolen. Oberst Rüstow hatte große Schwierigkeiten, diese aufzutreiben. Auch hoffte man immer noch auf eine gütliche Regelung der Angelegenheit. Aber alle Versuche waren umsonst!

Das Duell wurde für den 28. August 1864, 7.30 Uhr am Morgen, festgesetzt. Ort der Austragung: Ein kleiner Wald in der Genfer Vorstadt Carouge.

Lassalle erhielt von Oberst Rüstow den wohlgemeinten Rat, sich am Vorabend einzuschießen. Auch gab er ihm einen Hinweis, wo er dies tun könne. Vergebens! Lassalle meinte dazu nur: »Dummes Zeug!« Anders dachte Racowiţa. Er nutzte den Nachmittag des Tages vor dem Duell, sich im Pistolenschießen zu üben. Lassalle verfaßte jedoch noch zur Absicherung seiner Sekundanten ein Schreiben: »Aus gewissen Veranlassungen habe ich meinem Leben durch einen Pistolenschuß ein Ende gemacht.« Auch schrieb er sein Testament, das Oberst Rüstow, sollte das Duell keinen guten Ausgang nehmen, der Gräfin Hatzfeldt zur Übergabe an die Genfer Behörden aushändigen sollte. Lassalle äußerte noch die Bitte, der Kampf mit Racowiţa möge auf französischem Boden ausgetragen werden, damit er danach sich noch in der Schweiz mit Dönniges duellieren könne. Dem wurde nicht stattgegeben. Im Gegensatz zu den vorangegangenen Tagen war Lassalle gefaßt und ruhig.

Nun kam der Tag des Duells. Am Morgen des 28. August 1864, kurz nach halb 7 Uhr, trafen die Sekundanten bei Lassalle ein. Gemeinsam fuhren sie in einer Droschke zur Vorstadt von Genf. Vor 7 Uhr waren sie in Carouge. Da Racowiţa noch nicht anwesend war, trank Lassalle in aller Ruhe eine Tasse Tee. Halb 8 Uhr fuhren in einer zweiten Droschke Racowiţa mit seinen Sekundanten und dem Arzt Dr. Seiler in das vorbestimmte Waldstück ein. Dann gingen sie ein Stück zu Fuß. Durch das Gebüsch führte ein schmaler Pfad zu einer Lichtung. Hier wurde dann durch Los bestimmt, daß Oberst Rüstow die Pistolen zu laden und das Kommando für den ersten Schuß zu geben hatte. Es sollte so lange geschossen werden, bis einer der Gegner fiel. Die Duellanten hatten 20 Sekunden Zeit für jeden Schuß. Rüstows Kommandos sollten sein: »Eins« zum Anfang, »Zwei« nach 10 Sekunden und »Drei« nach 20 Sekunden. Die Gegner nahmen Aufstellung.

»Achtung«, befahl Rüstow. Die Pistolen gingen hoch. Kommando: »Eins!« Der Schuß hallte! Racowiţa hatte bereits nach knapp fünf Sekunden abgefeuert. Und wieder ein Schuß! Nach kaum einer Sekunde hatte Lassalle geantwortet – und vorbeigeschossen. Lassalle trat zwei Schritte nach links. Jemand fragte ihn: »Sind Sie verwundet?« – »Ja!« war die Antwort. Man führte Lassalle sofort zu einer Decke und legte den ersten Verband an. Racowiţa behauptete, auf Lassalles Beine gezielt zu haben – und hatte dessen Geschlechtsteile zerschossen. Der Gegner und seine Sekundanten verließen sofort schweigend den Platz.

Der Kutscher schlug einen Umweg ein, um holprige Steine zu umgehen. Lassalle hatte starke Schmerzen und bekam Opium zur Betäubung.

Drei Tage lag er im Dämmerzustand, ohne ein Wort zu sprechen. Und obwohl er von mehreren berühmten Ärzten behandelt wurde, war eine Rettung nicht möglich.

Am 31. August 1864 verstarb Lassalle in Genf. Er war 39 Jahre alt. In Breslau, seiner Geburtsstadt, wurde er beigesetzt.

Helene von Dönniges spielte die Rolle der trauernden Witwe Lassalles, der ihretwegen gestorben war. Nach einem halben Jahr heiratete sie denjenigen, der die todbringende Kugel abgefeuert hatte. Doch Racowiţa starb fünf Monate darauf an Tuberkulose. Helene ging zum Theater, veröffentlichte ihre Erinnerungen »Meine Beziehungen zu Ferdinand Lassalle«, heiratete 1868 einen deutschen Schauspieler, von dem sie sich 1873 wieder scheiden ließ. Sie bereitete im Oktober 1911 ihrem Leben selbst ein Ende.

Das Duell zwischen Lassalle und Racowiţa ist als einer der spektakulärsten und berüchtigsten Zweikämpfe in die deutsche Geschichte eingegangen, wohl nicht allein wegen seines brutalen Verlaufs, sondern vor allem auch, weil es den Tod eines Mannes forderte, der stets ein entschiedener Gegner des Duellierens war.

OTTO VON BISMARCK/

Preußisch-deutscher Staatsmann und Diplomat. Gründer des Deutschen Reiches.

GEBOREN: 1. APRIL 1815 IN SCHÖNHAUSEN.
GESTORBEN: 30. JULI 1898 IN FRIEDRICHSRUH.

Bismarck, Sohn eines Rittergutsbesitzers, entstammt einem altmärkischen Uradelsgeschlecht. Nach dem Studium der Rechtswissenschaft war er zunächst preußischer Regierungsreferendar, nahm aber bereits 1839 Abschied vom Staatsdienst. 1851 trat Bismarck in den diplomatischen Dienst für Preußen;1862 Ernennung zum preußischen Ministerpräsidenten und Außenminister. Im Kampf gegen liberale und demokratische Bestrebungen verschaffte er sich eine autoritäre Stellung. Mit seiner »Blut und Eisen«-Politik bewirkte er das Entstehen des Deutschen Reiches – unter Führung Preußens – und verhinderte ein Eingreifen der europäischen Mächte. Nach der Reichsgründung 1871 wurde Bismarck in den Fürstenstand erhoben. Von 1871 bis 1890 Reichskanzler des deutschen Kaiserreiches. Zunehmende Schwierigkeiten in der deutschen Außen- und Innenpolitik und tiefgehende Meinungsverschiedenheiten mit Kaiser Wilhelm II. führten im März 1890 zu seinem Sturz. Seine letzten Lebensjahre verbrachte Bismarck in Bitterkeit und Groll in Friedrichsruh.

RUDOLF VIRCHOW

Deutscher Arzt und liberaler Berliner Stadtverordneter.

GEBOREN: 13. OKTOBER 1821 IN SCHIVELBEIN (POMMERN).
GESTORBEN: 5. SEPTEMBER 1902 IN BERLIN.

In Würzburg und später in Berlin wirkte Virchow als Professor für pathologische Anatomie; Direktor des Pathologischen Instituts in Berlin. Er war auf Grund seiner den Krankheitsprozeß durch Veränderungen der Zelle erklärenden Zellularpathologie bis in das 20. Jahrhundert für die gesamte Medizin maßgebend. Er schuf die Grundlagen der modernen Anthropologie und leistete auch auf anderen Gebieten Bedeutendes: so beeinflußte er die Hygienegesetzgebung, förderte die Volksbildung und soziale Fürsorge und betrieb ethnologische und archäologische Studien (z. B. Zusammenarbeit mit Heinrich Schliemann). Er war Mitbegründer der Liberalen Fortschrittspartei, Mitglied des preußischen Abgeordnetenhauses und zählte zu den erbittertsten Gegnern Bismarcks.

Die politische Gegnerschaft zwischen Bismarck und Virchow geriet 1865 zum aufsehenerregenden Skandal, als nach einer hitzigen Parlamentsdebatte der preußische Ministerpräsident den liberalen Abgeordneten zum Duell forderte. –

Bereits in jungen Jahren betrachtete Bismarck »Tapferkeit, Heldenmut, Standesbewußtsein und Verteidigung der Ehre« als erstrebenswerte Charaktereigenschaften. Noch vor seiner Studentenzeit focht er sein erstes Duell aus.

Das war um 1830, zu einer Zeit, da die Volksbewegung in Kundgebungen und in Form der Organisationen dynamischer wurde. Auch die akademische Jugend organisierte sich neu. So waren es vor allem Burschenschaftler, an die 30 000 Handwerksgesellen, einige Bauern, die auf dem Hambacher Fest im Mai 1832 zusammenkamen. Ihre Ziele wurden immer konkreter und demokratischer geprägt. Nach 1830 vollzogen sich also Entwicklungen, die der künftige Student Bismarck von seiner »junkerlichen Sicht zu beachten und geistig auch zu bewältigen hatte«.

Am 10. Mai 1832, kurz nach dem Hambacher Fest, ließ sich der siebzehnjährige Bismarck als »Studiosus der Rechte und Staatswissenschaften« an der Universität von Göttingen, der »hohen Schule weltmännisch-geschäftsmännischer politischer Bildung« einschreiben. Die Mutter, Wilhelmine von Bismarck, verband mit ihrem Einverständnis den geheimen Wunsch, ihr Otto möge in die Fußstapfen des Vaters treten und Diplomat werden. Der junge Mann fühlte sich vor allem frei von aller Aufsicht. In Göttingen mußte sich der Neuimmatrikulierte entscheiden, ob er einem landsmannschaftlichen Studentenkorps oder einer Burschenschaft beizutreten gedenke. Als Aristokratensohn entschloß er sich standesgemäß für ein landsmannschaftliches Korps. Denn wenn er später einmal im Staatsdienst als Verwaltungsbeamter, Richter oder gar Diplomat tätig sein wollte, so wäre ihm die Mitgliedschaft in einer der Burschenschaften hinderlich gewesen. Diese hatten im Herbst 1831 das Gegenteil von Staatsloyalität an den Tag gelegt und in der »Allgemeinen Deutschen Burschenschaft« einen »radikalen Kurs« beschritten. Voraussehen konnte er damals jedoch noch nicht, daß 1834 der Deutsche Bundestag den Eintritt ehemaliger Angehöriger von Burschenschaften in den Staatsdienst verbieten würde. Aber insgesamt »witterte er die Richtung, woher der Wind« kam. Sein Studienfreund John Lothrop Motley, der strebsame Sohn einer gutbürgerlichen amerikanischen Familie, bezeichnete in einem Brief vom 1. Juli 1832 die Göttinger

Burschenschaften als »Abschaum der Universität«. Und in dieser Meinung schienen sich beide Studienfreunde einig gewesen zu sein!

Bismarck formulierte in seinen Memoiren »Gedanken und Erinnerungen« später seine Überlegungen jedoch vorsichtiger, wenn er schreibt, daß er am Anfang seiner Universitätszeit »zunächst zur Burschenschaft in Beziehung gerieth«, weil sein Nationalgefühl stark war und diese »die Pflege des nationalen Gefühls als ihren Zweck bezeichneten«. Als er dann aber persönlich Bekanntschaft mit deren Mitgliedern gemacht habe, hätte ihm »ihre Weigerung, Satisfaction zu geben, und ihr Mangel an äußerlicher Erziehung und an Formen der guten Gesellschaft« äußerst mißfallen. Interessant ist, daß Bismarck in der Verweigerung des Duells durch die Burschenschaft einen maßgeblichen Grund sah, eine Mitgliedschaft abzulehnen. Die Austragung des Duells war für ihn also als Korpsstudent ein wichtiges Kriterium. Und die »äußerliche Erziehung und Formen der guten Gesellschaft« bedeuteten für den Aristokratensohn »die Traditionen der landadligen Gutsherrschaft und der preußischen Monarchie«.

Am 10. Mai 1832 ließ sich Bismarck immatrikulieren, und am 6. Juli desgleichen Jahres wurde er im Korps »Hannovera« vorerst aufgenommen; ordentliches Mitglied wurde er dann im August nach der ersten Mensur. Die engen Kontakte mit seinen Kommilitonen aus der »Hannovera« nutzte er nun nicht etwa dafür, »die Formen der guten Gesellschaft« zu pflegen, deren Mangel er bei den Burschenschaften gerügt hatte, sondern gab sich sehr intensiv mit den anderen Korpsstudenten einem flotten, trink- und rauffreudigen Leben hin. So stand er in den drei Göttinger Semestern fünfundzwanzigmal im Duell (gemeint ist die studentische Mensur). Mit einem seiner Gegner aus der Studentenzeit stritt er sich noch später, als er bereits Reichskanzler war, über die Rechtmäßigkeit einer ihm beigebrachten Narbe.

Die Leitung der Universität und auch die städtischen Behörden gingen gegen die schlimmsten Auswüchse des Duellwesens vor, doch gelang es ihnen nicht, dem Treiben Einhalt zu gebieten. Bei den – nach Provinzen benannten – Landsmannschaften gehörte das Duellieren zum Ehrenkodex. Mitglieder waren die Standesbewußtesten der akademischen Jugend. Ihre elitesüchtige Korpsmentalität, ihr geldbzw. geburtsaristokratischer Dünkel ließen Maßnahmen wirkungslos werden. Karzerstrafen wurden als »Kavaliersdelikte« belacht. Zu Beginn seiner Studentenzeit in Göttingen trat Bismarck in extravaganter Kleidung auf, in hellem Schlafrock oder apfelgrünem Frack, begleitet, sogar zur Universität, von einem riesengroßen Hund. Einmal, so wußte man zu berichten, habe der Student Bismarck sich nach einem Duell einem Umtrunk hingegeben und dabei eine leere Flasche aus dem Fenster geworfen. Daraufhin zum Rektor befohlen, habe der ehrwürdige Herr ob der bellenden Übermacht nicht das rügende Wort, sondern die Flucht ergriffen. All das war weder rebellische Aufsässigkeit noch ein moderner Zug dieser Zeit, sondern adelsstolzes Selbstbewußtsein, das sich in Renommiersucht zeigte.

Bismarck unterschied sich darin keinesfalls von anderen Studenten – weder beim Duellieren noch beim Trinken, weder in auffälliger Kleidung noch beim »Abtun« von Karzerstrafen. (Die letzte aus Göttingen mußte er noch in Berlin ableisten.) Sein Studienfreund Motley schrieb dazu: »Die Universitätsstädte sind das Heim aller Übertreibungen ... Man begegnet auf der Straße kaum einem Studenten, dessen Anzug nicht woanders einen Pöbelauflauf verursachen würde ... Jedermann folgt seinem eigenen Geschmack und modelt sich nach seinem Schönheitssinn.«

Auch Heinrich Heine hatte um 1819 über das Studentenleben berichtet, er sähe ein buntes Gemisch aller deutschen Stämme, die »sich ewig untereinander in Duellen herumschlagen, in Sitten und Gebräuchen noch immer wie zur Zeit der Völkerwanderung dahinleben und teils durch ihre Duces, welche Haupthähne heißen, teils durch ihr uraltes Gesetzbuch, welches Komment heißt, ... regiert werden«. In seiner »Harzreise« goß Heine 1824 reichlichen Spott über die Göttinger Philister, die ihn genauso aufbrachten wie später auch Bismarck, zudem dieser noch aus einem anderen Milieu kam. Doch die Gründe, warum Bismarck die Universität von Göttingen nach Berlin wechselte, waren andere: Unstimmigkeiten im Korps »Hannovera« und vor allem Schulden, die ihn verfolgten. Im Winter 1833/34 wohnte er bereits in Berlin, nachdem er im September Göttingen mit einem vorläufigen Abgangszeugnis verlassen hatte. Erst im Mai 1834 ließ er sich in Berlin immatrikulieren. Auch setzte er dort kein systematisches Studium fort, wohl aber seine freundschaftlichen Beziehungen zu Motley.

Dieser aufgeschlossene Amerikaner, der das Feudalwesen in Deutschland, die »adelsstolze Klasse«, für »absolut radikal« hielt, schrieb am 4. November 1833 aus Berlin: »Man kann die Deutschen ... in zwei Klassen teilen: Die VON's und die nicht VON's; diejenigen, welche so glücklich sind, die drei magischen Buchstaben VON vor ihren Namen zu haben, gehören zum Adel und sind demzufolge höchst aristokratisch. Diese streiten im Duell im Sinne ihres Ehrenkodex. Ohne diese drei mögen die Anderen sämtliche Zeichen des Alphabets in jeder möglichen Zusammensetzung haben, sie bleiben dennoch Plebejer.« (Motley war 1841 amerikanischer Gesandtschaftssekretär der USA in Wien und 1869/70 in London.) Jedenfalls waren für Bismarck die Kontakte mit ausländischen Studienfreunden von großem Wert.

Das Wesen Bismarcks läßt sich aus den Worten Heinrich Heines aus der Streitschrift gegen Ludwig Börne von 1840 ableiten. Er unterschied »Menschen mit ascetischen, ... vergeistungssüchtigen Trieben, oder Menschen von lebensheiteren, entfaltungsstolzen und realistischen Wesen«. Zu den letzteren gehörte Bismarck, der in seiner renommiersüchtigen Art einem Studenten gegenüber sagte: »Ich werde entweder der größte Lump oder der erste Mann Preußens.« 1851 bis 1859 war er als Bundestagsgesandter in Frankfurt der preußische Gegenspieler Österreichs. Im Frühjahr 1862 ging er für kurze Zeit als Botschafter nach Paris. Dann endlich war seine Zeit gekommen: Am 8. Oktober 1862 wurde er zum Ministerpräsidenten und Außenminister ernannt.

Als erklärter »Konfliktsminister« trat Bismarck an die Spitze der preußischen Regierung. Für König Wilhelm I. setzte er gegen die fortschrittliche Mehrheit des Abgeordnetenhauses die Heeresreform durch, regierte ohne Budget und führte mit größter Schärfe den Verfassungskonflikt. In seinem Kampf gegen den Liberalismus stellte er sogar Kontakte mit Lassalle, dem Führer der erwachenden Arbeiterbewegung, her. Später äußerte sich Bismarck dazu in einer Rede: Lassalle

»hatte nichts, was er mir als Minister hätte geben können. Was er hatte, war etwas, was mich als Privatmann außerordentlich anzog: er war einer der geistreichsten und liebenswürdigsten Menschen, mit denen ich je verkehrt habe, ein Mann, der ehrgeizig im großen Stil war, durchaus nicht Republikaner; er hatte eine sehr ausgeprägte nationale und monarchische Gesinnung. Seine Idee, der er zustrebte, war das deutsche Kaisertum, und darin hatten wir einen Berührungspunkt. Lassalle war ehrgeizig im hohen Stil, und ob das deutsche Kaisertum gerade mit der Dynastie Hohenzollern oder mit der Dynastie Lassalle abschließen sollte, das war ihm vielleicht selbst zweifelhaft.«

Ständig stand Bismarck im Kreuzfeuer der starken Opposition der Liberalen. In einer Sitzung des Abgeordnetenhauses am 21. und 22. Januar 1864 kam es zu einem harten Wortgefecht zwischen Bismarck und dem Abgeordneten Rudolf Virchow, der ihm rundheraus vorhielt, er sei »nicht mehr der Mann..., der durch eine energische Politik etwas ausrichten werde«. Gegenüber einer solchen Argumentation, die sein politisches Grundkonzept in Zweifel zog, sah sich der preußische Ministerpräsident genötigt, für einen Augenblick sein eigentliches politisches Ziel aufblitzen zu lassen: Kooperation mit der Bourgeoisie auf dem Wege großpreußisch-kleindeutscher Einigungspolitik bei gleichzeitiger Absage an die bürgerliche Demokratie.

Am 1. Februar 1864 begann der preußisch-österreichische Krieg gegen Dänemark, der erste Krieg unter Bismarck, der letztendlich zum Siege führte.

Am 30. Oktober konnte der Frieden von Wien abgeschlossen werden. Nach dem Friedensschluß nahmen die Spannungen zwischen Preußen und Österreich – wie allgemein erwartet wurde – so zu, daß Wilhelm I. sowie die Mehrzahl der Minister im Mai 1865 eine erneute militärische Auseinandersetzung erörterten.

Zu dieser Situation kam eine Duellaufforderung, die wochenlang die Presse des In- und Auslands beschäftigte. Ein Duell zwischen dem Ministerpräsidenten Otto von Bismarck und dem preußischen Abgeordneten Professor Rudolf Virchow.

Am 2. Juni war es während einer Beratung des Abgeordnetenhauses über eine Vorlage Bismarcks zur Marine zwischen den beiden erneut zu einem heftigen Wortwechsel gekommen. Virchow, der den »militärischen Hinterhalt« spürte, erhob schwere Vorwürfe gegen den Ministerpräsidenten. Die Stenographen im Abgeordnetensaal konnten kaum nachkommen. Virchow, so heißt es wörtlich in deren Bericht, sagte: »Gegenüber der Behauptung bin ich genötigt, Ihnen einige Stellen des Berichtes unmittelbar vorzuführen, von denen ich in der Tat nur annehmen kann, daß der Herr Ministerpräsident sich nicht Mühe genommen, den Bericht ganz zu lesen, indem ich vielleicht vorraussetzen darf, daß es ihm genügt hat, den Schluß, soweit er sich gerade um die schwebende schleswigholsteinische Frage bewegt, seiner Prüfung zu unterziehen. Aber wenn er ihn gelesen hat und sagen kann, es seien keine solche (anerkennenden und sympathischen) Erklärungen darin, so weiß ich in der Tat nicht, was ich von seiner Wahrhaftigkeit denken soll.«

Bismarck fühlte sich in seiner Ehre gekränkt. Er ließ wissen, daß er die Angelegenheit auf persönlichem Wege weiter verfolgen wolle, das hieß: im Duell.

Nun aber war Virchow zu dieser Zeit ein über die Grenzen Berlins hinaus bekannter und berühmter Wissenschaftler. Er hatte sich beispielsweise gerade energisch für eine angemessene Lösung zur Wasserhygiene der schnell expandierenden deutschen Metropole eingesetzt. Seinen Plan zur »Nutzbarmachung von Abwässern«, den ersten Entwurf hatte er bereits 1860 eingereicht, hielt die Stadtverwaltung in Wiedervorlage. Der spätere Oberbürgermeister von Berlin, Forckenbeck, war sein Freund und gehörte außerdem auch der Liberalen Fortschrittspartei an.

In der Angelegenheit eines Pistolenduells verhandelten im Auftrage Bismarcks der Legationsrat, Herr von Keudell, und für Virchow Herr von Hennig. Beide tendierten auf friedliche Beilegung.

In der Zwischenzeit kam die Duellaffaire am 8. Juni 1865 erneut auf den Tisch des Abgeordnetenhauses. Forckenbeck führte öffentlich aus: Er wolle nicht untersuchen, wie jemand (Virchow) zu einer Handlung gezwungen werden könne, die durch das Gesetz, die Moral und die gesellschaftliche Anschauung verboten ist. Aussprechen aber wolle er, daß die

Ehre des Ministers verletzt sei, wenn er außerhalb des Hauses einen Streit erledigen wolle, der durch Äußerungen von der Tribüne herab herbeigeführt sei. Bismarck verübe das schwerste Attentat gegen die Privilegien des Hauses, wenn er die Redefreiheit des Abgeordneten beeinträchtige und ihn wegen seiner Äußerung im Duell verantwortlich machen wolle. Das Duell könne und dürfe daher nicht stattfinden. Der Präsident des Abgeordnetenhauses habe die Freiheiten des Landes wie die Rechte des Hauses zu schützen. Forckenbeck ersuchte ihn, in dieser Beziehung den geeigneten Ausspruch zu tun!

Der Präsident des Abgeordnetenhauses, Grabow, war der gleichen Meinung wie Forckenbeck und gab diesem recht. Jedoch die angespannte Situation wurde nun vom Kriegsminister, Herrn von Roon, im umgekehrten Sinne weiterdiskutiert. Alle hielten den Atem an: Die persönliche Ehre jedes im Hause Anwesenden sei durch die Geschäftsordnung zu wahren. Die persönliche Ehre sei das Schönste des Menschen, dessen Sicherung ihm allein obliege, und keine Macht der Erde könne jemanden über eine ihm widerfahrene Beleidigung hinwegsetzen. Er, als Soldat und Kriegsminister, sei der Ansicht, daß ein Mann, der seine Ehre angegriffen glaube, sich keinem Ausspruch zu unterwerfen habe. Der Abgeordnete Virchow solle eine Ehrenerklärung abgeben, sonst könne Bismarck Maßregeln einleiten, die er für nötig erachte.

Schließlich beschäftigte sich das gesamte Abgeordnetenhaus mit dieser Angelegenheit. Die Meinung des Kriegsministers vertrat auch die Konservative Partei. Deren Sprecher brachte zum Ausdruck, daß jedermann einer im Hause ausgesprochenen Beleidigung außerhalb des Hauses die Folge geben dürfe, welche passend scheine. Auf der Seite Virchows standen nun wiederum die Linke und Katholische Partei. Deren Sprecher meinte: Wenn das Abgeordnetenhaus einen Beschluß fassen wolle, daß das Duell sowohl den geltenden Strafgesetzen als auch aller Gesittung und Religion in schnödester Weise Hohn spreche und kein Staatsbürger – am wenigsten ein Mitglied des Abgeordnetenhauses – dazu gezwungen werden dürfte, so würden seine Freunde ... einem solchen Beschluß sofort zustimmen.

Die Meinungsäußerungen gingen tagelang hin und her –

als ob es in Preußen nichts Wichtigeres zu verhandeln gäbe! Die Presse tat auch alles mögliche noch dazu, um die allgemeine Stimmung zu schüren. Sogar in den Volks- und Wahlversammlungen wurde das Für und Wider des Duells diskutiert. Virchow war zu den Sitzungen gar nicht mehr erschienen. Schließlich fragte der Kriegsminister brieflich bei Virchow an, ob er glaube, daß er in Folge der Verhandlungen jeder weiteren Erklärung oder Genugtuung sich enthoben erachte. Hierauf erwiderte Virchow, daß er das Duell ablehne, jedoch geneigt sei, die von Herrn Bismarck gewünschte Erklärung im Hause abzugeben, sobald der Ministerpräsident seinem – Virchows – Verlangen entspreche, auch würde er dem Chef der Regierung den geeigneten Wortlaut für die Erklärung überlassen. Und das mag Virchow schwer genug gefallen sein!

Am 17. Juni 1865 – so lange hatte die Duellangelegenheit die Gemüter beschäftigt – gab Virchow im Parlament die Versicherung ab, daß er weit davon entfernt gewesen sei, den Ministerpräsidenten beleidigen zu wollen. Er habe wirklich geglaubt, daß Bismarck den Bericht nicht gelesen habe. Letztendlich gab er die Erklärung ab, daß er seine Äußerung zurücknehme. Bismarck zeigte sich klugerweise damit zufrieden. Und der Kriegsminister teilte dem Abgeordneten Virchow mit, daß der Ministerpräsident auf eine weitere Satisfaktion verzichte!

Es kam zu keinem Zweikampf. Die Staatsgeschäfte konnten weitergehen.

Am 13. Dezember 1886 war die Duellfrage wieder Gegenstand einer Sitzung, diesmal des Reichstages. Und obwohl Bismarck nicht persönlich anwesend war, so stand er doch im Hintergrund und ließ andere in seinem Sinne agieren. Diesmal reichte der Abgeordnete der Zentrumspartei Reichensperger einen Antrag und einen Gesetzentwurf gegen das Duell und besonders gegen die Form des amerikanischen Duells ein. Denn auch in Preußen hatte diese Ausartung des Duells um sich gegriffen, so daß sich der Reichstag damit zu beschäftigen hatte. Aber erstaunlich war, daß es so viele Fürsprecher wie Gegner gab.

Es kam zu heftigen parlamentarischen Debatten. Die Duellgegner brachten zum Ausdruck: »... Die Duelle widersprechen der christlichen Moral, sie stehen im Widerspruch mit den Gesetzen ... Ist denn überhaupt der Mut der Maßstab der Ehre ... Während unsere Gesetze das Duell verbieten, betrachtet man es im Heere als unerläßlich ... Nach Mitteilungen der Presse seien Freiwillige nicht zu Reserveoffizieren befördert worden, wenn sie sich als Gegner des Duells erklärt hatten... Die Praxis widerspricht also völlig der Theorie des Gesetzes ... Wo bleiben unsere Gesetze, wenn ein Staatsanwalt es ausgeprochen hat, es sei Pflicht jeden ehrenwerten Mannes, sich dem Duell zu unterziehen, nur müsse er dann auch den Mut haben, sich den gesetzlichen Folgen zu unterziehen?«

Die parlamentarischen Gemüter erhitzten sich immer mehr, und die Fürsprecher des Duells erklärten: »Es wäre doch gänzlich verfehlt, wenn man Duelle auf die gleiche Stufe stellen wollte, wie Totschag und Körperverletzung ... Wenn es sich um eine persönliche moralische Existenz handelt, kann nur derjenige allein, ohne fremde oder gerichtliche Hilfe für sie eintreten, und dafür ist das Duell da!« Und Robert von Puttkamer, Minister des Inneren, führte aus: Man mache zwar einen wohlgemeinten, aber doch völlig erfolglosen Versuch, ein großes Problem zu lösen, um das man sich schon Jahrhunderte vergeblich abgemüht habe. »Die Duellmandate von Richelieu haben die Duellwut nicht vermindert, sondern nur noch vermehrt. Wenn man den Duellen mit Strafgesetzen beikommen will, so gerät man auf einen falschen Weg.«

Das Ergebnis dieser Reichstagsdebatten 1886 war, daß die Anträge einer Kommission von vierzehn Mitgliedern zum weiteren Entscheid vorgelegt werden sollten. Inzwischen wurde aber der Reichstag aufgelöst, ohne daß in dieser Duellfrage ein Beschluß gefaßt werden konnte. – Vier Jahre später, im März 1890, hatte Bismarck seine letzten »politischen Duelle« – es kam zu seinem Sturz.

Kaiser Wilhelm I., die stärkste Stütze Bismarcks, war 1888 gestorben. Im gleichen Jahr fand auch die kurze Regierungszeit des liberalen Kaisers Friedrich III. ein Ende. In Wilhelm II. trat dem Kanzler nun die neue Generation gegenüber, die das Errungene als selbstverständlich nahm. Der Kaiser war an und für sich ein Bewunderer des alten Kanzlers. Dieser aber stand dem Jüngeren nur skeptisch gegenüber.

Andererseits war in der Tat vor allem die Innenpolitik durch Bismarcks Parteienkonflikte stark belastet, und die sozialpolitischen Gedanken des jungen Kaisers mochte der alte Kanzler nicht mittragen. Nachdem er sich geweigert hatte, der Aufhebung der Kabinettsorder von 1852, auf die sich die Autorität des Ministerpräsidenten gründete, zuzustimmen, kam Bismarck nicht umhin, am 18. März 1890 sein Entlassungsgesuch einzureichen.

ERZHERZOG RUDOLF VON ÖSTERREICH

Österreich-ungarischer Kronprinz.

GEBOREN: 21. AUGUST 1858, SCHLOSS LAXENBURG (BEI WIEN).
GESTORBEN: 30. JANUAR 1889, SCHLOSS MAYERLING (BEI WIEN).

Als einziger Sohn des Kaisers Franz Joseph trat Kronprinz Rudolf 1878 in die Armee ein und wurde in dieser Laufbahn 1888 Generalinfanterieinspektor. Er hatte starke naturwissenschaftliche (Ornithologie) und literarische Interessen. Aus seiner Feder stammen u. a. »Fünfzehn Tage auf der Donau« (1881), »Eine Orientreise« (1884).

In den Tagen nach dem 30. Janaur 1889 gab es in allen Kreisen, in den Geschäften und Kaffeehäusern Wiens nur ein Gesprächsthema: der geheimnisvolle Tod des Kronprinzen Rudolf. Es war eine nationale Katastrophe! Hartnäckig machte das Gerücht von einem »amerikanischen Duell« die Runde.

Wenige Wochen zuvor hatte bereits ein anderes »außergewöhnliches« Duell, ein sogenanntes Russisches Roulett, vor allem im Offizierskorps und in Adelskreisen großes Aufsehen erregt. Von einem Duell im herkömmlichen Sinne konnte in beiden Fällen nicht die Rede sein, bestenfalls von einem Ehrenhandel mit tödlichem Ausgang. Beim »Russischen Roulett« wurde nur eine Kammer eines sechsschüssigen Revolvers geladen; man ließ die Trommel rotieren, worauf die Waffe an die Schläfe gesetzt und geschossen wurde. Als erster hatte der Beleidiger das »Spiel mit dem Tod« zu probieren. Blieb er am Leben, kam der Beleidigte an die Reihe. In anderen Fällen wurde geschossen, bis einer der »Kämpfenden« die geladene Kammer erwischte. Nach längstens drei Versuchen war dieses Duell beendet, weil dann eine Kugel garantiert getroffen hatte. Der vermeintliche Sieger hatte sich vor dem Militärgericht zu verantworten und eine Verurteilung auf Lebenszeit zu erwarten.

Und dann kam die Nachricht vom Selbstmord des Kronprinzen Rudolf. Denn um nichts anderes handelte es sich beim »amerikanischen Duell«. Zwei Kugeln, eine schwarze und eine weiße, entschieden über Tod und Leben. Wer die schwarze Kugel zog, hatte sich zu erschießen, meist innerhalb von 24 Stunden. So könnte es sich auch im Schloß Mayerling am 30. Januar 1889 zugetragen haben. Es gab keine Zeugen und keine Sekundanten. Im Auftrag des Kaisers Franz Joseph wurden alle Spuren, alle Materialien, die auf die Umstände des Todes hätten hindeuten können, sofort vernichtet. Und: *Wer* hatte in diesem Fall die weiße Kugel gezogen?

Das ganze Umfeld des klugen und hochbegabten Thronfolgers wurde »abgetastet« – unter strengster Geheimhaltung. Der Kronprinz hatte liberale Anschauungen vertreten und auch Kontakte zu liberalen Tagesschriftstellern unterhalten. In der Innenpolitik war er gegen das Ministerium Taaffe aufgetreten, hatte auf militärischem Gebiet Partei gegen das System seines Onkels, des Generalinspektors des Heeres, des Erzherzogs Albrecht, genommen und mit den Ungarn sowie deren Sonderbestrebungen sympathisiert. Seine außenpolitischen Ansichten neigten zeitweise zu Frankreich.

Doch sein Vater hatte ihn streng von allen Staatsgeschäften ferngehalten, was sicherlich mit dazu beitrug, daß nach und nach seine geistigen Bestrebungen und seine Arbeitslust ganz erheblich nachließen. Seine Ehe mit der belgischen Prinzessin Stephanie, von der er getrennt lebte, verlief unglücklich. Zunehmend litt er an Depressionen und Zwangsvorstellungen. Er begann, seine Jagdleidenschaft zu übersteigern und sich mit Ausschweifungen zu betäuben. So hatte er ständig Liebschaften mit Frauen aus den unterschiedlichsten Kreisen. All das wurde vom Hof offiziell toleriert – bis der hochadlige Vater der Komteß Auersperg von der Verführung seiner Tochter durch den Kronprinzen erfuhr. Er forderte vom Kaiser Franz Joseph Sühne, andernfalls wollte er alles der Öffentlichkeit preisgeben. Aber das Kaiserhaus fürchtete jeden Skandal, zumal Rudolf auch katholisch verehelicht war.

In dieser äußerst kritischen Situation hatte sich die achtzehnjährige Mary Freiin von Vetsera unsterblich in den Kronprinzen verliebt. Als an ihn die Forderung zum »amerikanischen Duell« erging, wird sie sich bei ihm aufgehalten haben. Und so nahm Rudolf diese Gefährtin seiner letzten Tage mit in den Tod, den er selbst gesucht hatte.

Der Kaiser soll dem »amerikanischen Duell« mit sehr großen Bedenken zugestimmt haben, wie Egon Eis in seinem Buch berichtet. Obwohl unverständlich blieb, daß der Vater den Sohn bzw. der Kaiser den Thronfolger geopfert hat, scheint damit der Selbstmord bestätigt zu sein.

Zu dieser Zeit war prinzipiell die Erfüllung einer solchen Forderung die einzige Lösung, um die Ehre einer Komteß wiederherzustellen. In diesem Fall müßte ihr Vater die weiße Kugel gezogen haben.

In einem österreichischen Bericht wurde verzeichnet: Der Thronfolger habe durch sein »Ja« zum Tod dokumentiert, »daß zum erstenmal seit sechshundert Jahren ein Habsburger sich nicht mehr die Kraft zutraute, ... viele Konflikte ..., die auch die Monarchie zerrissen, zu bewältigen«.

SARAH BERNHARDT

Französische Schauspielerin.

GEBOREN: 25. SEPTEMBER 1844 IN PARIS.
GESTORBEN: 26. MÄRZ 1923 IN PARIS.

Weltruhm erlangte die Bernhardt (eigentlich: Rosalie Bernard) durch ihre Gastspiele in Europa und Amerika. Sie war zeitweise Besitzerin und Leiterin Pariser Theater, so des Théâtre des nations, das nach ihr benannt wurde. Selbst schrieb sie auch Schauspiele und ihre Memoiren »Mein Doppelleben« (1907).

Der Bühnenstart der Sarah Bernhardt war nicht leicht gewesen. Doch mit der Königin in »Ruy Blas« von Viktor Hugo errang sie einen sensationellen Durchbruch. Von nun an hielt sie das Theaterpublikum beständig in Atem. Sie war von zarter Gestalt und meisterhaft in der Steigerung ihres Spiels. Ihre beeindruckende Stimme und ihre schauspielerische Begabung waren verbunden mit einer sehr unkonventionellen Persönlichkeit. Mit ihrem tragisch-sentimentalen Stil traf sie den Ton, der an der traditionsreichen Stätte französischer Theaterkultur, der Comédie française, gefragt war, deren Mitglied sie seit 1872, später auch deren Teilhaberin war. Die

Bühne wirkte auf sie wie eine Droge. Sie selbst schrieb: »Ich fand nichts belebender als die Theaterluft voller Bakterien, nichts heiterer als dieses Dunkel, nichts lichtvoller als diese Finsternis!« Sie brauchte die Affekte und Effekte. Aber es war ein ständiges Wechselspiel zwischen Bühne und Privatleben. Immer wieder war sie wegen ihrer zahlreichen Liebhaber in Skandale verwickelt.

1880 verließ sie die Comédie française und ging auf Gastspielreisen: nach London, hier spielte sie zum erstenmal die Hauptrolle, die Marguérite Gautier in der »Kameliendame« von Alexandre Dumas, die zur berühmtesten Rolle ihres Lebens werden sollte. Es folgten Gastspiele in den USA, Holland, Österreich, Ungarn, Rußland und Italien. Nach sieben Monaten kehrte sie nach Frankreich zurück. 1881 berichtete sie über den ersten Abend nach ihrer Rückkehr: »Ich spielte die Kameliendame das erste Mal in Frankreich; mit vollster Hingabe und Begeisterung. Alle, die mich gesehen haben, können versichert sein, daß sich ihnen die Quintessenz meiner persönlichen Kunst erschlossen hat.« Sie wurde zu einer der populärsten Schauspielerinnen des Landes.

Es war um 1883, als es zu einem »Duell« zwischen der Bernhardt und der italienischen Schauspielerin Eleonora Duse (1858 bis 1924) kam. Moderne Duelle hat es auch unter Frauen gegeben. Meist war Eifersucht die Ursache, und die Frauen waren darauf aus, einen Mann oder auch die Nebenbuhlerin auszustechen, der Gegnerin das Gesicht oder den Busen zu verunstalten.

Zwischen der Bernhardt und der Duse handelte es sich hingegen um ein Bühnenduell um die Frage, wer wohl von ihnen die bessere »Kameliendame« sei. Denn auch die Duse trat damit auf. Die Bernhardt wollte hier endgültig Klarheit schaffen und lud ihre Gegnerin an das ihr gehörende Renaissance-Theater in Paris ein. Die Duse durfte also die Kameliendame spielen. Der Erfolg war so groß, daß dieses »Duell« nicht im Sinne der Bernhardt entschieden wurde.

Etwa Ende 1900, sie hatte gerade die Leitung des Theaters der Nationen übernommen, war ein blutjunger Mann ihr Favorit im Privatleben: Edouard Lagrenée, Sohn einer hochgestellten Familie. Ganz Paris amüsierte sich über den enormen Altersunterschied und belegte beide, die im Blickpunkt der Öffentlichkeit standen, mit unangenehmem Klatsch. Das machte der Bernhardt zwar nichts aus, war sie es doch gewöhnt, daß man sich an ihren Abenteuern amüsierte. Der Familie Lagreneé war es jedoch gar nicht recht, denn der Sohn war gerade in den diplomatischen Dienst getreten. Er sollte sofort nach Petersburg versetzt werden.

Doch vorher kam es noch zu einem Duell »auf Leben und Tod«. Der Journalist Richard O'Monroy hatte die Bernhardt öffentlich beleidigt, indem er in einem Artikel die gar zu leichte Verführung einer Dame geschildert hatte, zwar ohne einen Namen zu nennen, aber Paris wußte auch ohnedies, wer gemeint war.

Der eifersüchtige Lagrenée forderte vor seiner Abreise den Journalisten zum Duell auf, mochte es ihm auch das Leben kosten. Es wurde im Dämmerschein früh 7 Uhr auf einer Wiese im Bois de Boulogne ausgefochten. Der Journalist war ein exzellenter Degenfechter; der junge Dipolomat nicht besonders gut in dieser Duellwaffe geübt. Der Kampf war kurz. Lagrenée wurde am Schenkel verletzt. Die Sekundanten brachen das Duell ab. Sie atmeten auf!

In diesem Moment wurden die Pferde einer Kutsche, versteckt hinter Bäumen, angetrieben. Darinnen saß die Bernhardt. Sie hatte heimlich dem Kampf zugesehen – dem Duell ihres Leben, das andere ihretwegen ausgetragen hatten.

Die »Göttliche« trat dann täglich von ihrem Theater-Olymp herab und machte sich auf den Weg ins Krankenhaus. Als der junge Ehrenstreiter gesundgepflegt war, wurde er schnellstens ins Ausland abbeordert.

Friedhelm Guttandin

Das Duell aus sozialwissenschaftlicher Perspektive

1. Schicksal

Aus der Sicht der Duellgegner bedeutete die Duellsitte eine Gefährdung von Sicherheit und Glück. Niemand konnte mehr sicher sein, nicht von irgendeinem Raufbold aufgrund eines beliebigen Vorwandes zum Duell genötigt und verletzt oder erschossen zu werden. Von solch einer »barbarischen Unsitte« sein eigenes Glück wie auch das seiner Frau, Kinder und Eltern abhängig zu machen, schien widersinnig.

Den Duellbefürwortern hingegen galten Glück und Sicherheit wenig, indem sie die Entscheidung über Leben und Tod dem Schicksal überließen. Gegen Glück und Sicherheit votierten sie für eine Schicksalsentscheidung. Freilich reklamierten sie, indem sie ihr Leben und sich selbst dem Schicksal aussetzten, das Schicksal als ein Recht und Privileg.

Dieter Claessens betont, daß traditionell nach dem Schicksal des einzelnen Menschen nicht gefragt worden sei. In Gesellschaften, in denen der Großteil der Menschen hungerte, fror, schwer arbeitend oder vagabundierend früh starb, sei ihnen überhaupt kein Schicksal zugekommen. Denn Schicksal bedeutete ja auch in irgendeiner Weise wichtig zu sein, Möglichkeiten der Lebensgestaltung und Lebensentfaltung wenigstens andeutungsweise zu besitzen. Insofern große Menschengruppen lediglich Objekte eines über sie hinweggehenden Prozesses gewesen seien, sei ihnen daher auch kein Schicksal zugekommen. Erst ab einem gewissen materiellen Standard gewinnen nach Claessens die Menschen Bewegungschancen und Expansionsmöglichkeiten, die es ihnen erlaubten, etwas von ihrem Leben zu erwarten, dieses wichtig zu nehmen, mithin zu einem Schicksal zu gelangen – wenn auch eventuell zu einem miserablen. Erst auf einem relativ hohen Niveau sei es einzelnen Menschengruppen möglich gewesen, ihr Leben zu formen, zu gestalten und nicht bloß Objekt des Geschehens zu sein. Nur wer eine Rolle zu spielen vermochte, dem habe ein Schicksal zugestanden.[1]

Schicksal kam mithin nur dem zu, der ernstgenommen wurde, der als so wichtig galt, daß er eine Rolle spielte. Nachdem freilich im Zuge der Christianisierung des Abendlandes auch den Ärmsten und Machtlosesten ein Schicksal nicht mehr abgesprochen werden konnte, setzte sich eine Differenzierung der schicksalsträchtigen Rollen in tragische und komische Rollen durch. Den sozial und politisch weitgehend Bedeutungslosen wurde der Part des Komischen zugeschoben. Die Bühnen, auf denen zu Beginn der Neuzeit die tatsächlich schicksalsträchtigen Rollen gespielt werden konnten, waren die absolutistischen Höfe und diejenigen Geselligkeitsformen, die sich um sie herum gruppierten und sie auch teilweise ablösten. Hier allein hat sich Alfred v. Martin zufolge das abgespielt, was ein Anrecht auf den »Namen der Geschichte« erheben konnte; allein hier haben sich jene Dinge ereignet, die »ernst« und »tragisch« genommen worden sind. Personen niedrigen Standes und alles, was sich unterhalb der Hofsphäre abgespielt habe, seien nicht nur nicht ernstgenommen, sondern auch im Sinne der ästhetischen Rangordnung nur als komisch und häßlich anerkannt worden.[2]

Ein Bürger, der an dem Privileg, ein Schicksal zu besitzen, teilhaben wollte, wirkte damals komisch, wie Molieres Bürger-Edelmann, der anläßlich seines Eintritts in die höhere Gesellschaft einen Fechtlehrer engagiert, um auf Duelle vorbereitet zu sein. Tanz-, Musik- und Fechtlehrer sollten den Bürger in das Rollenrepertoire eines Edelmannes einführen.

2. Soziale Differenzierung

In den »Eliteschichten« der vergangenen Jahrhunderte beanspruchte das Individuum nur ein beschränktes Recht auf Leben.[3] Aber nicht weil eine andere soziale Instanz dieses Lebensrecht bestritt, sondern weil diese »Eliteschicht« einer »höheren Idee« ihr Leben zu opfern glaubte. Die Opferbereitschaft, die im Duell symbolisch zum Ausdruck gebracht wurde, deutete auf eine Lebensorientierung, die über das rein materielle Interesse erhoben ist, hin. Damit sollte das Duell zu einer ethischen Superiorität des Adels im Vergleich zu den Gruppen künden, denen es vorrangig lediglich um Materielles ging.[4]

Gleichzeitig korrespondierte diese Präsentation der Opferbereitschaft im Duell mit einer Demonstration der Kampfbereitschaft, Wehrfähigkeit, die den anderen Schichten und Ständen als Warnung vor einem möglichen Eingriff in die Ständehierarchie diente.[5]

Im Laufe des 16. und 17. Jahrhunderts, als die Duelle aufkamen, waren sie in breiten Volksschichten verbreitet und keineswegs eine exklusive Angelegenheit des Adels. Die verschiedenen Beschwerden über den weitverbreiteten Brauch, den Degen zu tragen, waren Anzeichen dafür, daß sich nach einer vorübergehenden Lockerung der Standesgrenzen diese im 18. Jahrhundert wieder zu verfestigen begannen. Ein Mittel der Verhärtung der Standesgrenzen war die Einschränkung des Rechts, den Degen zu führen. Lediglich den höheren Schichten sollte der Degen als Zeichen der entsprechenden Standeszugehörigkeit zugestanden werden.[6]

Insofern die Teilhabe am Duell die Zugehörigkeit zu den satisfaktionsfähigen Kreisen symbolisierte, war das Duell auch ein Zeichen, das Standesunterschiede markieren konnte.[7] Als Indikator der Zugehörigkeit wie des Ausschlusses vermochte das Duell zu dienen. »Ohne das Duell hätte die strenge ständische Scheidung zwischen Adel und Bürgerthum, die nach dem Aufhören der ritterlichen Kriegsweise ihren ursprünglichen Existenzgrund eingebüßt hatte, sich sicherlich viel schneller ausgeglichen. Dem Bürger wurde nicht nur die Pflicht des Duells nicht auferlegt, sondern nicht einmal das Recht zuertheilt. Er sollte eine sozial niedrigere Kaste bilden.«[8]

Über das aristokratische Zeremoniell des Duells vermochten die Bürger Anschluß an den Adel zu finden oder auch nicht: So soll Voltaire, nachdem er den Herzog von Rohan zum Duell herausgefordert hatte, von dessen Lakaien durchgeprügelt worden sein.[9] Die Duellpraxis galt als Kristallisationspunkt eines Ehrenkodex, der für die Bürger gleichsam als Brücke hin zur Aristokratie diente.[10] Es soll vorgekommen sein, daß junge Männer annahmen, sie würden nur als Ehrenmänner anerkannt werden, nachdem sie die entsprechenden Qualitäten in einem Duell nachgewiesen hatten.[11] So gesehen konnte das Duell als Test und Initiationsritus praktiziert werden.[12] Als Zeichen der Zugehörigkeit galt dann der Besitz von Duellpistolen, deren spezielle Anfertigung Ende des 18. Jahrhunderts üblich wurde. Duellpistolen scheinen zur Ausstattung jedes besseren Hauses gehört zu haben.

Während Ehre und Duell nach außen hin der Unterscheidung von Standesunterschieden dienten, kam ihnen nach innen hin eine Bindung stiftende Funktion zu. Dies konnte dann auch dazu führen, daß Personen, die aus irgendwelchen Gründen gesellschaftlich geächtet waren, mit Hilfe des Duells eine Rückkehr in die Gesellschaft zu bewerkstelligen suchten. »Denn es giebt leider Individuen mit einem moralischen Defect behaftet, die durch ein Duell ihre minderwertige etwas schäbig gewordene Ehre wieder aufzubessern versuchen und denen zu diesem Zwecke jedes Mittel recht ist.« Oder ein anderer Autor: »Es muß aufhören, daß der größte Lump durch das opus operatum des Duells honorig wird.«[13]

3. Anachronismus

Das Duell scheint in mehrfacher Hinsicht ein Anachronismus zu sein. Nicht nur was seinen Beginn, sondern auch was sein Ende betrifft. Folgt man den Untersuchungen von Norbert Elias, so läßt sich die Geschichte des Duells im wesentlichen in zwei aufeinanderfolgende Epochen gliedern. Bei der ersten Epoche handelt es sich bei dem Duell um etwas Unzeitgemäßes, nämlich um ein »Überbleibsel«, das im Zug der durch zentralstaatliche Gewaltmonopolisierung vorangetriebenen Pazifizierungsprozesse in adeligen Kreisen alle kriegerischen Tugenden aus vergangenen Zeiten fortleben läßt. Als solches »Überbleibsel« vermag das Duell auf die Schübe zunehmender Pazifizierung keinen kontraproduktiven Einfluß mehr zu nehmen. Im Gegenteil: Es läßt sich selbst noch einmal als Indikator für jene Pazifizierungsprozesse ansehen.

Hierfür sind drei Aspekte entscheidend:

Erstens bildete das Duell als ein »Überbleibsel«[14] jener Zeit, in der die Anwendung von Gewalt bei Streitigkeiten aller Art üblich war, eine »Enklave ritualisierter Gewalttat«[15] in stärker pazifizierten Gesellschaften. Im Zuge der Pazifizierung der europäischen Gesellschaften durch die Herausbildung staatlicher Gewaltmonopole bildeten die Duelle eine »letzte Kanonisierung«[16] eines sozialstrategischen Verhaltens, das in weniger pazifizierten Gesellschaften des Mittelalters weitverbreitet war. Obgleich das Duell das Gewaltmonopol des Zentralherrn und damit des Staates durchbrach, war es ein Indikator für den jenseits der Duellsitte machtvoll sich durchsetzenden Zivilisationsprozeß, insofern es diesem gelang, es auf den Status eines »Überbleibsels« zu reduzieren.

Zweitens wurden die Duelle im Laufe der Zeit zunehmend formalisiert, ritualisiert, und dies bedeutet: zivilisiert.[17] Man schlug sich nicht auf irgendeine beliebige Weise wegen einer beliebigen Angelegenheit. Anlaß, Ort, Zeit und Art der Austragung des Duells wurden mit der Zeit verstärkt verfeinert und kontrolliert. Insofern ist die Geschichte des Duells als Kampfform auch eine Geschichte der Zivilisierung zwischenmenschlicher Gewaltausübung.[18]

Und drittens kann man das sich Ende des 19. Jahrhunderts abzeichnende Verschwinden des Duells, das in den höheren Schichten aller europäischen Länder verbreitet war,[19] auch als Hinweis dafür nehmen, daß an die Stelle gewaltsamer Auseinandersetzungsformen zunehmend friedliche Formen des Streitaustragens getreten sind – dies inbesondere durch das Verdrängen des adelig-militärischen Ehrenkanons seitens bürgerlich-ziviler Wertvorstellungen im Laufe des 19. Jahrhunderts.[20] Von hier aus ließe sich die Geschichte des Duells und seines zeitgemäßen Verschwindens als eine Geschichte des Friedens schreiben.[21] Diese letzte Beobachtung trifft zwar weitgehend auf Frankreich und England, jedoch – nach Elias – nicht auf die Zeit nach der Reichsgründung im Jahre 1871 in Deutschland zu. Hier beginnt die zweite unzeitgemäße Entwicklung des Duells, nämlich die seiner Entzivilisierung durch Vergröberung und Barbarisierung der Kampfformen – speziell was die studentischen Mensuren betrifft.[22] Bei dieser Entzivilisierung durch das Duell scheint es sich mehr noch als bei dem Duell als »Überbleibsel« um einen Anachronismus zu handeln, denn hier wirkt das Duell regressiv auf die gesamtzivilisatorische Entwicklung.

In Folge der deutschen Reichsgründung im Jahre 1871, die dem deutschen Bürgertum in der ersten Hälfte des 19. Jahrhunderts nicht gelungen war, setzte sich nicht nur Preußen gegenüber den anderen deutschen Ländern, sondern auch der adelig-militärische Verhaltenskanon gegenüber bürgerlich-zivilen Wertvorstellungen durch.[23] Dies hatte die Konsequenz, daß das höhere Bürgertum das Verhaltensrepertoire des Adels weitgehend übernahm. Bestandteil dieses Repertoires waren Duell und Mensur, als deren Hauptträger Akademiker und Offiziere hervortraten.[24] Bis in das 20. Jahrhundert hinein blieben in Gestalt des Duells und seines Derivats, der studentischen Mensur, auf Gewalt abgestellte Beziehungsformen in Kraft, die typisch für Kriegsgesellschaften waren.[25]

In der von der Duell- und Mensursitte geförderten Bereitschaft zur Gewaltausübung sieht Elias einen Anfangspunkt einer Langzeitentwicklung, die, vermittelt durch eine Anzahl weiterer Aspekte, in den Massenvernichtungen zur Zeit des Nationalsozialismus endet. Duell und Mensur sind für Elias ein Musterfall für den habitusprägenden Einfluß von Institutionen.[26] So sei der nationale Habitus des deutschen Volkes[27] durch die Ausbreitung des Duells mitgeformt worden. Die Dominanz militärischer Modelle im Verhaltensrepertoire der deutschen Oberschicht mache letztlich auch den Entzivilisierungsschub, den der Nationalsozialismus verkörpere, verständlich.[28] Die »scheinbar aus dem Nichts entspringenden Großtaten der Barbarisierung»[29] hätten eine lange Anlaufzeit mit einer Vielzahl von Zwischenstationen; aber am Anfang, beim Duell, wie am Ende stünde neben weiteren einflußnehmenden Faktoren die Bereitschaft zur Gewaltausübung, um sich selbst oder irgendwelche Ziele durchzusetzen.[30]

Im Anschluß an Elias stellt sich freilich die von ihm nicht aufgeworfene Frage, weshalb ein »Überbleibsel« oder »Anachronismus« wie das Duell derart lebendig bleiben und sich sowohl trotz zentralstaatlicher, religiöser und philosophisch-moralischer Verbote etablieren konnte. Worin lag bei allem Unzeitmäßigen des Duells seine Funktion?

4. Ständische Ehre

Als eigentliche Basis der Ehre gelten nicht die je einzelne Person oder das Individuum und auch nicht soziale Großeinheiten wie die Staaten, sondern soziale Gruppen mittleren und kleineren Ausmaßes, die eine Zwischenstellung zwischen Individuum und Gesellschaft einnehmen.[31] Dort, wo Individuen ohne Zwischenschalten jener mittleren ständischen Instanzen in die Gesellschaft nicht integriert werden, wie dies, Montesquieu zufolge, in Demokratien der Fall ist, sind die demokratischen Gesellschaften von den moralischen Potenzen der Individuen, ihrer Tugend abhängig. Dort freilich, wo – wie in den Monarchien gegeben – jene ständischen Zwischeninstanzen existieren, könne auf Tugend zugunsten des Prinzips der Ehre verzichtet werden.

Ehre gedeiht zwar nur im Kreise ständischer Zirkel, und sie dient der Erhaltung des Sondercharakters und der Sonderstellung der jeweiligen Zirkel gegenüber anderen, aber ihr kommt auch eine in die Gesamtgesellschaft integrierende Funktion zu. Nach Montesquieu und Tocqueville[32] hat auch Georg Simmel auf diesen Sachverhalt hingewiesen.

Entsprechend der mittleren Stellung des Standes, des Zirkels als der sozialen Basis der Ehre zwischen Individuum einerseits und Gesellschaft andererseits nehme die Ehre in funktionaler Hinsicht eine mittlere Stellung zwischen individuellem Gewissen und staatlichem Gesetz ein. Dort, wo das staatliche Gesetz zu allgemein und zu äußerlich, das innere Gewissen aber zu unzuverlässig funktioniere, vermöge die Ehre, die ja eine Verschmelzung von Individual- und Sozialinteresse sei, zu Verhaltensweisen zu nötigen, die durch das innere Gewissen und die äußere Staatsgewalt nicht garantiert werden könnten[33].

Durch »die Forderung, die Ehre zu bewahren, sichert sich die Gesellschaft das ihr zweckmäßige Verhalten ihrer Mitglieder, und zwar insbesondere auf denjenigen Gebieten, welche gewissermaßen zwischen dem Rayon des Kriminalkodex und dem der persönlich-innerlichen Sittlichkeit liegen.«[34]

Die Funktionalität der ständischen Ehre für die Integration der Menschen in Gesellschaft und Staat rechtfertigt,

Simmel zufolge, »eine so unvollkommene Form wie das Duell« zur Ausgleichung von Ehrenhändeln[35]. »Nur wegen des großen Vortheils, den die Gesellschaft aus der Ehre ihres einzelnen Mitglieds zieht, giebt sie ihm das Recht, zur Vertheidigung derselben Dinge zu thun, die sonst moralisch und juristisch verboten sind.«[36]

Die Funktion des Duells, wie Simmel sie konzipiert, ist eine mittelbare: Das Duell trägt zur Aufrechterhaltung eines Ehrenkodex bei, der sich für die Gesellschaft als nützlich erweist.

Auf welche Weise wurde das Duell so nützlich für Staat und Gesellschaft, daß letztere seine unmoralischen und gesetzeswidrigen Konsequenzen irgendwie hinnahmen? Und in welcher Weise nahmen Staat und Gesellschaft das Duell hin oder akzeptierten es?

5. Souveränität und Funktionalität ehrenhaften Handelns

In archaischen Gesellschaften, die in Großfamilien, Clans, Sippen sich untergliederten, waren Plündern und Opfern, Rauben und Schenken, Kriegführen und Feiern sich ergänzende Handlungen. Bei allen Unterschieden, die zwischen nordamerikanischen Indianern, Germanen und Kelten bestanden haben, war ihnen die Ehre als ein Wert, der sich aufgrund von Verschwendung und Verausgabung konstituierte, gemeinsam. Selbst-Losigkeit und Selbst-Überwindung im Kampf wie bei Festgelagen waren konstitutiv für Ehre. Man kämpfte und schenkte nicht um irgendeines Nutzens, sondern vorrangig um der Ehre willen. Und ein Sieg zählte nur dann als Triumph, wenn er ehrenvoll erkämpft worden war.[37]

Ehre konstituiert sich aufgrund eines Tuns oder einer Haltung, die, im Gegensatz zu einem Ausgerichtetsein auf Nutzen, an einer Sache um ihrer selbst willen interessiert ist. Diese Art der Selbstlosigkeit ist durchaus an dem Ergebnis des Tuns interessiert, handele es sich hierbei um die Befreiung der Jungfrau aus den Klauen des Drachen oder um die Einhaltung eines handwerklichen Qualitätsstandards.[38] Aber das Ergebnis des Tuns muß, soll es Ehre einbringen oder einem Ehrenkodex gerecht werden, alle Vorteile zuerst einmal einer anderen Instanz gewähren oder, wie im Falle der zwecklosen Verschwendung durch das Fehlen einer Instanz, jenseits der Tätigkeit charakterisiert sein.

Eine derartige Orientierung des Handelns und Verhaltens bezeichnet Georges Bataille als »Souveränität«. Souveränität konstituiert sich infolge des Primats von sinn- und zweckloser Verausgabung über das Prinzip der Akkumulation. Aufgrund der Unabhängigkeit von den angehäuften Dingen, die sich durch ihre sinn- und zwecklose Vernichtung zeige, stehe Souveränität im Widerspruch zu Akkumulation, die die Menschen an die ihnen äußerlichen Dinge fessele[39].

So sei auch die Fähigkeit zum Siegen, die Heldenehre, jenem Prinzip der Verausgabung verpflichtet. Beim Kampf bringe sich der Mensch ganz ins Spiel. Entscheidend sei der Aspekt der Hingabe, der Aufopferung, die in einer maßlosen Verausgabung von Energien, die dem Kampf seine leidenschaftliche Form gebe, mündet. Der Kampf sei insofern ruhmvoll, als er ab einem bestimmten Moment jedes Kalkül überschreite[40]. Zu dem Verzicht auf das Kalkül gehören die vielen Beispiele davon, daß Heerführer, die sich an dem ritterlichen Ehrenkodex orientierten, auf taktische Vorteile gegenüber ihrem Gegner verzichtet hatten und schließlich die Schlacht – in Ehren – verloren[41].

Was auf den ersten Blick als reine Selbstlosigkeit erscheint, erweist bei genauerem Zusehen freilich seine Funktionalität. Die Verteidigung und Steigerung der Ehre durch Kampf hat, Pierre Bourdieu zufolge, hintergründigerweise die Funktion, auf Macht und ökonomische Vorherrschaft abzielende Strategien abzusichern. Auf Grundlage seiner Feldstudien über die kabylische Gesellschaft, einen Berberstamm in Algerien, der bis zur Eroberung durch die Franzosen kein anderes Strafverfahren als das der an einem strengen Ehrenkodex orientierten privaten Rache kannte, beschreibt Bourdieu die Akkumulation von Potentialen der Herrschaft mit Hilfe jenes Prinzips der Verschwendung und Verausgabung, dessen extremster Fall der Kampf um die Ehre ist.

Verausgabung finde von vornherein unter dem Primat der Akkumulation statt. Zwar scheinen Großzügigkeit und Verschwendung demonstrierende Verhaltensweisen das Gesetz des Interesses und des Kalküls außer Kraft zu setzen und Beziehungen zu stiften, die ihren Zweck in sich selbst haben[42], aber letztlich sei dies lediglich Verzauberung[43], Kaschierung[44], Verschleierung[45] einer hintergründigen Strategie, die über den Umweg der Akkumulation von Ehre und Prestige sich ein symbolisches Kapital verschafft[46], das sich ohne weiteres in ökonomisches Kapital zurückverwandeln lasse. Hier sei eine Konvertibilität des materiellen Kapitals in das symbolische Kapital der Ehre wie auch wieder die Rückverwandlung jenes symbolischen Kapitals der Ehre in ökonomisches Kapital gegeben[47]. Bei dem Erwerb von Ehre handele es sich mithin gleichermaßen um eine materielle wie um eine symbolische Investion[48].

Was hier infolge der Verausgabung durch Großzügigkeit und selbstlose Tapferkeit stattfindet, seien Verfahren, die die Umwandlung ökonomischen Kapitals in symbolisches zu gewährleisten suchen. Diese Umwandlung habe den Effekt, eine wesentlich interessengebundene Beziehung als eine interessenlose, zweckfreie Beziehung und offenkundige Herrschaft als eine anerkannte und legitime Autorität auftreten zu lassen[49].

6. Duellfalle

Erst einmal scheinen die seit dem 16. Jahrhundert erscheinenden Duelledikte mit ihren drakonischen Strafandrohungen darauf hinzuweisen, daß die Staaten und Fürsten keineswegs gewillt waren, Duelle zu akzeptieren. Entehrende Hinrichtung, Güterkonfiskation und Verlust des Adels für die Familie wurden den Duellanten durch Gesetze angedroht. Diese Härte erklärt sich dadurch, daß das Duell teils als Angriff auf die staatliche Souveränität geradezu als eine »Beleidigung des Staates«[50] angesehen wurde. Während die Herrschaftsrechte und Hoheitsrechte, mithin die Sphäre von Ehre und Beleidigung auf seiten des Adels zusammengeschrumpft waren, weitete sich die Sphäre staatlicher Ehre und Beleidigung erheblich aus: Eine Verletzung des staatlichen Anspruchs auf das Monopol der Gewaltausübung und ein Eingriff in die staatliche Besitzsphäre durch Verletzung und Tötung eines Staatsbürgers im Duell galt nun als Beleidigung des Staates. Leben und Kräfte der einzelnen Bürger werden als zum Vermögen des Staates gehörig betrachtet.

Während einerseits das Staatsinteresse immer dringender die Ausrottung des Duells zu fordern schien, wurde es andererseits an den Höfen Heinrichs II. und IV. noch mit der Gegenwart des Königs selbst geehrt. Während Ludwig XIV. blutige Duell-Mandate erließ, bestand er in seiner Armee auf der Annahme von Herausforderungen als Ehrenpflicht. Dieser unaufgelöste Widerspruch zwischen den persönlichen Handlungen des Regenten und seinen höheren Pflichten als Staatsoberhaupt hat denn auch den Duellmandaten des siebzehnten und achtzehnten Jahrhunderts ein »Gepräge persönlicher Gereiztheit« gegeben[51].

Was hier als staatliches Zugeständnis infolge von Kraftlosigkeit erscheint, hatte freilich System. Denn nicht nur der Staat geriet in einen Widerspruch, sondern auch die Duellanten selbst, denen dieser Widerspruch dann zu einer Art Falle wurde, die zur direkten persönlichen Anbindung des sich duellierenden Adels an den König führte. Diese Falle hat Friedrich II., König von Preußen, exakt beschrieben: Wer immer das Unglück habe, von einem Rüpel beleidigt zu werden, gelte in der ganzen Welt für feig, wenn er die Beleidigung nicht im Duell auslösche. Werde ein Mann von Stand beleidigt, so betrachte man ihn als seines Adels unwürdig. Sei er Soldat und beende er seine Sache nicht durch ein Duell, so jage man ihn mit Schimpf und Schande aus dem Offizierskorps, und in ganz Europa finde er keine Anstellung. Was, so fragt Friedrich II., soll also ein Mann in einer so kritischen Lage tun? Solle er sich entehren, indem er dem Gesetz gehorcht, oder solle er lieber sein Leben und sein Glück im Duell aufs Spiel setzen, um seinen Ruf zu wahren?[52]

Wer sich duelliert, verfällt dem Gesetz, wer sich nicht duelliert, wird aus dem Dienst gejagt und in seinem Stande unmöglich. Was auch immer der Adelige, der Offizier und Angehörige anderer satisfaktionsfähiger Schichten in einem Falle von Ehrenkränkung tun mögen, sie geraten in eine Zangenbewegung: hier staatliche Strafverfolgung oder da Dienstentlassung und gesellschaftliche Ächtung.

7. Der König als Souverän

Während des ancien régime wurden Verbrechen als Verstoß gegen die damals noch weitgehend persönliche Macht des Fürsten angesehen. Foucault zufolge griff ein Verbrecher über sein direktes Opfer hinaus den Souverän, den König persönlich an, da das Gesetz als Wille des Königs aufgefaßt wurde. Die vom König ausgehenden Maßnahmen gegen den Verbrecher seien so gesehen weder Schiedsspruch zwischen zwei Gegnern noch der Versuch, das Recht durchzusetzen, sondern ein Gegenschlag gegen den Beleidiger[53]. Mithin galt die Strafe als eine letztlich persönliche Angelegenheit zwischen Verbrecher und König, dessen Souveränität durch das Verbrechen beleidigt worden war[54]. In der Institution der Begnadigung zeige sich die wahre Souveränität des Königs, insofern er nämlich sowohl die Rache wie auch das Gesetz suspendieren kann[55].

Mit dem Gnadenakt beweist der König, daß seine Souveränität noch über der des Staatskörpers mit seinen Organen und Gesetzen steht. Im Zuge der Konstitutionalisierung der Monarchie und ihrer Einschränkung durch Gesetze kam es dann auch zu einer Bedeutungsveränderung des Wortes »souverän«. Nicht mehr der allmächtige Fürst, wie im ancien régime, sondern der Staat als Institution galt als Souverän[56]. Die Konstitutionalisierung der Königsmacht ging nicht überall einheitlich und zeitgleich vonstatten, in jedem Falle jedoch war sie begleitet von Konflikten zwischen einer Partei des Fürstenhauses und der Partei, die eine von diesem weitgehend unabhängige Staatsverwaltung anstrebte. Aus der Perspektive dieses Konflikts zwischen zwei Konkurrenzinstanzen um die Souveränität kommen dem Duell als Rechtsverletzung und dem königlichen Begnadigungsakt erhöhte Bedeutung zu. Denn erstens zeigt der König mit der Begnadigung, daß er der wahre Souverän ist – über den Gesetzen stehend, ähnlich der Definition Carl Schmitts, derzufolge souverän die Instanz ist, die den Ausnahmezustand, mithin die Suspendierung der Gesetze bestimmen kann[57]. Aber zweitens ist der König darüber hinaus mit Hilfe der Begnadigung in der Lage, ein persönliches Abhängigkeitsverhältnis zwischen ihm und dem Begnadigten zu bewahren oder auch herzustellen, während ihm diese persönliche Beziehung zu den Untertanen von seiten der »Fraktion« einer konstitutionellen Monarchie verwehrt werden möchte, was auch hinsichtlich der »nichtsatisfaktionsfähigen« Stände gelingt. Im Konflikt zwischen Staatsapparat und Monarch vermögen das Duell als Gesetzesverletzung und die anschließende Begnadigung durch den König, die ersten Stände des Staates, nämlich Adel und Offizierskorps, an den König zu binden.

Während die Übertretung des Duellverbotes eine Verletzung staatlicher Gesetze war, stellte die Begnadigung des Gesetzesübertreters seitens des Königs eine persönliche Beziehung zwischen dem Repräsentanten des Staates und dem Begnadigten her, in der der Begnadigte in der Schuld des Fürsten stand. Die Annahme der Begnadigung ging mit dem Anerkennen des Schuldverhältnisses einher.

8. Paradoxie des Duells

Die Integration des ehemaligen Kriegeradels in die Zentralstaaten erfolgte über seine Ehrbegriffe, die freilich einer allmählichen Modifikation dergestalt unterworfen wurden, daß über das Geben und Nehmen von Ehren ein ungleicher Tausch von Diensten, Leistungen, Belohnungen zwischen Fürsten und Adel institutionalisiert wurde. Der Adel wurde durch seine Ehre in seiner Existenz völlig an den Herrscher gebunden und durch Titel, Ämter und Feste entlohnt, die den Staat nie zur völligen Verausgabung zwangen. Zwar war Verschwendung auf seiten des absolutistischen Staates konstitutiv für die Integration des Adels, aber die Kosten dieser Verschwendung waren doch nie so hoch, daß der Staat sich dabei völlig verausgabt hätte.

Diese ungleiche Austauschbeziehung zwischen Adel und Monarchie läßt sich terminologisch als »Ausbeutung« kennzeichnen. Alvin W. Gouldner hat darauf hingewiesen, daß der Begriff der Ausbeutung über die Bedeutung, auf die ihn die politische Ökonomie beschränkt hat, hinaus auf soziale Transaktionsformen verweist, die aus dem Austausch von Leistungen und Vorteilen mit ungleichem Wert bestehen.[58]

Entscheidend für die von Bourdieu so genannte »Kaschierung« oder »Verschleierung« jenes Ausbeutungsverhältnisses ist der Sachverhalt, daß die ungleiche Austauschbeziehung unter den Normen eines reziproken Austauschs von Gütern, Gaben, Leistungen und Vorteilen stattfindet. Die Ausbeutung besteht mithin nicht darin, daß die Monarchen für die Leistungen des Adels etwa nichts geben, sondern darin, daß sie qualitativ nichts Gleichwertiges in das reziproke Austauschverhältnis einbringen. Auf diese Weise bleiben die Monarchen einerseits an dem uralten Spiel um Ehre, das vom Prinzip der Reziprozität von Gabe und Gegengabe geleitet wird, beteiligt, ohne sich doch verausgaben zu müssen.

Indem die Monarchen nicht der Verführung unterliegen, aufgrund ihrer Machtüberlegenheit die empfangenen Dienste des Adels ohne Gegenleistung zu akzeptieren, sondern jene Dienste durch Gegengaben honorieren, halten sie beim Adel die Illusion aufrecht, einer ideellen und materiellen Gemeinschaft zwischen Adel und König anzugehören. Auf diese Weise wird die Konformität des Adels nicht durch eine psychologische Kraft, sondern durch das Prinzip der Reziprozität gewährleistet.[59]

Eine soziale Gemeinschaft, in der das Verhalten der Mitglieder primär durch die Norm der Reziprozität von Leistungen und Diensten organisiert ist, muß auch mit Ausdrucksformen der negativen Reziprozitätsnorm rechnen. Diese bestehen in Vergeltungshaltungen: Nicht eine Gunst wird erwidert, sondern Kränkungen werden reziprok beantwortet.[60] Das Duell als Kampfritual ist Ausdruck jener negativen Reziprozitätsnorm, die für erfahrene Kränkung und Beleidigung Vergeltung verlangt.

Sowohl Georges Bataille wie auch Norbert Elias nehmen die Duellverbote der absolutistischen Fürsten und ihre Minister als Hinweise auf die Pazifizierung des Feudalaldels seitens der sich herausbildenden Zentralstaaten[63]. In diesem Zusammenhang wird von beiden zweierlei unterbewertet: Erstens entstanden die Duelle erst im Laufe der Herausbildung absolutistischer Zentralstaaten und zweitens führten Duellverbote keineswegs zu einem Niedergang des Duellwesens; vielmehr wurden Duelle vermehrt fortgesetzt. Dabei verlangten die Fürsten von ihrem Adel, trotz entgegenlaufender Gesetze, bei Ehrenbeleidigungen den Einsatz des Lebens.

Denn insofern die Ehre des Adels sich nicht mehr wie bis etwa zum 13. Jahrhundert aufgrund eigener Machtstellung und eigenen Reichtums als Grundlage für Verschwendung und Verausgabung konstitutierte, sondern sich vom neuen Souverän, dem König oder Fürsten, ableitete, traf eine Beleidigung auch immer jene auf Ehre abgestellte Beziehung zwischen dem Fürsten und »seinem« Adel. Im Interesse der Stabilisierung jener Beziehung, für die die Abhängigkeit des Adels vom Fürsten ausschlaggebend ist, bestand der Souverän auf dem Duell; obwohl dieses im Sinne der Durchsetzung des staatlichen Gewaltmonopols gleichzeitig von den fürstlichen Behörden verboten und verfolgt wurde.

Gerade die Gegensätzlichkeit der Anforderungen an den Adel – einerseits gesetzliches Duellverbot, andererseits die Forderung des Fürsten, verletzte Ehre im Duell wiederherzustellen – verstrickte den Adel immer stärker in die Netze der Abhängigkeit von jenen Fürsten. Denn ganz gleich, welcher von beiden Möglichkeiten er Folge leistete, er verstieß gegen eine Forderung und machte sich daher auf jeden Fall schuldig und damit abhängig von der Gnade des Fürsten, der allein sie rehabilitieren konnte. So gesehen trägt das Duell als Verstoß gegen das zentralstaatliche Gewaltmonopol paradoxerweise zur Entmachtung jener dem Gewaltmonopol ursprünglich feindlich gegenüberstehenden Kräfte des Feudaladels, mithin zur Befestigung jenes Zentralstaates bei, der von da an die Opferbereitschaft seines Adels für den Staat zur Ehrensache machen konnte.

Die Bereitschaft zum Duell symbolisierte, da man der Ehre verpflichtet war, daß man außerdem bereit war, für diese Ehre zu sterben und dies eben nicht nur im Duell, sondern auch in anderen Lebenslagen. Insofern war ja auch gerade für Offiziere, die von Berufs wegen für den Staat, dem sie über Ehre verpflichtet waren, ihr Leben riskierten, das Duell als Antwort auf Beleidigung und Herausforderung obligatorisch. Mithin galt das Duell als Zeichen für Opferbereitschaft, soweit es die Ehre verlangte. Im Duell wurde jene generelle Opferbereitschaft für den Staat gewissermaßen getestet und vorgeführt. Die Duelle auf Leben und Tod repräsentieren den Ehrbegriff eines Adels, der sich zunehmend den staatlichen Gewaltmonopolen unterwerfen muß. Beim Duell handelt es sich um einen Modus des Verstoßes gegen das gesetzlich verankerte Gewaltmonopol, der selbst noch einmal zur Integration des Adels in das staatliche Herrschaftssystem beigetragen hat.

Dies bedeutet im Unterschied zur These eines weitgehend linearen Zivilisierungs- und Pazifizierungsprozesses im Zuge der Herausbildung des staatlichen Gewaltmonopols, innerhalb dessen das Duell nach Elias ein residuales und regressives Element individueller Gewaltausübung darstellt, daß Zivilisierung und Pazifizierung gerade mit Hilfe der Kultivierung und Institutionalisierung eines Kampfrituals erreicht wurde.

Bataille erfaßt diesen Sachverhalt als das Paradox einer Erzeugung von Regeln und Ordnungen infolge der Überschreitung von Verboten. Die Übertretung sei keine Negation des Verbotes, sondern sie gehe über das Verbot hinaus und vervollständige es dieserart[62]. So gesehen sei das Verbot da, um verletzt zu werden[63]. Denn erst infolge des Verbotes käme es zu Begrenzungen und Organisierungen jener Akte der Übertretung, die zusammen mit dem Verbot allererst das Ganze des sozialen Lebens ausmachen[64].

Entscheidend sei, daß die Übertretung des Verbotes nicht weniger an Regeln gebunden ist als das Verbot selbst[65]. Daher habe die Übertretung nicht mit einer ursprünglichen Freiheit des tierischen Lebens zu tun[66]. Dem Geist der Übertretung entspreche es, diese nach Regeln zu ordnen[67]. Nicht so sehr die Verbote und ihre letztlich nie vollständig durchsetzbare Einhaltung als vielmehr ihre Überschreitung konstituieren Regeln und Formen des Handelns in jenen elementaren Lebensbetätigungen, wie sie Erotik und Kampf darstellen[68].

Für Bataille sind der Krieg – bevor er total, d. h. regelungebunden wird –, die Blutrache und das Duell solche organisierten Formen der Übertretung des Verbotes: »Du sollst nicht töten«, die die menschliche Gewalttätigkeit in geregelte Bahnen lenken. Während der Mord auf Unkenntnis oder Vernachlässigung des Verbotes beruhe, verletzten das Duell, die Blutrache und der Krieg zwar das Verbot des Tötens, dies aber in Übereinstimmung mit Regeln[69]. So sei es dem Geist der Übertretung angemessen erschienen, den Gegner auf rituelle Weise zu benachrichtigen[70], herauszufordern[71]. Der darauffolgende Krieg habe sich dann wieder nach Regeln entwikkeln können. Ursprünglich sei das Duell eine Form des Krieges gewesen, in dem sich die feindlichen Seiten nach einer den Regeln entsprechenden Herausforderung auf die Tapferkeit ihrer Krieger verließen, die sich im Einzelkampf gegenübertraten. Dieser Einzelkampf sei vor den Augen jener ausgetragen worden, die beabsichtigten, sich gegenseitig massenhaft zu töten. Ebenso wie jene archaischen Duelle seien Blutrache und Krieg peinlich genauen Regeln unterworfen gewesen[72].

Aus dieser Perspektive einer »paradoxe(n) Lehre von der Übertretung als Ergänzung des Verbotes«[73] kommt dem Duell mithin ein sozialgenerativer Charakter zu.

Anmerkungen

1 vgl. Dieter Claessens, Rolle und Macht, München 1970, S. 135 f.

2 vgl. Alfred v. Martin, Höfische Kultur. Zu ihrer soziologischen Charakteristik, in: ders., Geist und Gesellschaft. Soziologische Skizzen zur europäischen Kulturgeschichte, Frankfurt a. M. 1948, S. 137

3 vgl. V. G. Kiernan, The duell in European history, Honour and the Reign of Aristocracy, Oxford 1988, S. 156

4 Zur schichtspezifischen Askription moralischer Qualitäten vgl. Niklas Luhmann, Gesellschaftsstruktur und Semantik. Studien zur Wissenssoziologie der modernen Gesellschaft, Bd. 1, Frankfurt a. M. 1980, S. 131; zur These der Vererbung von Tugendhaftigkeit und moralischer Größe im Adel vgl. August von Kotzebue, Vom Adel. Bruchstück eines größeren historisch-philosophischen Werkes über Ehre und Schande, Ruhm und Nachruhm aller Völker, aller Jahrhunderte (Leipzig 1792), Königstein/Ts. 1978, S. 130 f., S. 135 f., S. 141

5 vgl. V. G. Kiernan, The duell in European history, a. a. O., S. 160

6 Zum Degen als Zeichen des Adels vgl. August v. Kotzebue, Vom Adel, a. a. O., S. 60 f., S. 80 f., S. 108; Petr de Ludewig, Vom Degentragen des Adels und der Gelehrten in Teutschland, Anhang UV in: V. C. Henrici Klugkistii, De veris duellorum limitibus, sive Vom Kampff-Recht, Halle 1736, S. 117

7 vgl. Anton Blok, Hinter Kulissen, in: Peter Gleichmann u. a. (Hrsg.), Materialien zu Norbert Elias' Zivilisationstheorie, Frankfurt a. M. 1982, S. 190

[8] Hans Delbrück, Die Duell-Frage, in: Preußische Jahrbücher, 84, 1886, S. 376

[9] vgl. Hartmut Scheible, »Qu'on porte à Monsieur du chocolat!« Versuch über Giacomo Casanova, Nachwort, in: Giacomo Casanova, Das Duell, oder der Versuch über das Leben des Venezianers G. C., München Zürich 1988, S. 188; Friedrich II. von Preußen mußte durch eine Cabinettsordre von 1763 den Offizieren das Prügeln der Bürger untersagen. Vgl. Karl Biedermann, Deutschland im 18. Jahrhundert, Bd. 1, Aalen 1969, S. 196 (Nachdruck der Ausgabe von 1880)

[10] vgl. V. G. Kiernan, The duell in European history a. a. O., S. 16

[11] vgl. John A. Atkinson, Duelling pistols and some of the affairs they settled, Cassell London 1964, S. 24

[12] Hierin gleicht das Duell dem mittelalterlichen Turnier. Dieses diente als Prüfung der Ehre der Kämpfenden. Vgl. Helmuth Rössler, Adelsethik und Humanismus, in: ders. (Hrsg.), Deutscher Adel 1430–1555, Darmstadt 1965, S. 241

[13] Martin Rade, »Zweikampf, Duell« (Artikel), in: Realencyklopädie für protestantische Theologie und Kirche (Hrsg. Albert Hauck), Bd. 21, 1908, S. 768

[14] Norbert Elias, Studien über die Deutschen. Machtkämpfe und Habitusentwicklung im 19. und 20. Jahrhundert, Frankfurt a. M. 1990, S. 70

[15] ebd., S. 98; vgl. auch Norbert Elias, Die höfische Gesellschaft. Untersuchungen zur Soziologie des Königtums und der höfischen Aristokratie, Frankfurt a. M. 1983, S. 355

[16] Norbert Elias, Studien über die Deutschen, a. a. O., S. 70

[17] vgl. ebd., S. 90

[18] vgl. Anton Blok, Hinter Kulissen, a. a. O., S. 189 f.; Friedhelm Guttandin, Das Duell. Ein Beitrag zur Geschichte des Zivilisationsprozesses, in: Journal für Geschichte, H. 5, Braunschweig 1981, S. 32 ff.

[19] vgl. Norbert Elias, Studien über die Deutschen, a. a. O., S. 27

[20] vgl. ebd., S. 85 f.; vgl. auch ders., Über den Prozeß der Zivilisation, Soziogenetische und psychogenetische Untersuchungen, Frankfurt a. M. 1976, 2. Bd., S. 104

[21] vgl. Kenneth E. Boulding, National Defense Through Stable Peace, Published by the International Institute for Applied Systems Analysis, Laxenburg (Österreich) 1983, S. 24

[22] vgl. Norbert Elias, Studien über die Deutschen, a. a. O., S. 135

[23] vgl. ebd., S. 156 ff.

[24] vgl. ebd., S. 27

[25] vgl. ebd., S. 69; vgl. hierzu auch Ute Frevert, Ehrenmänner. Das Duell in der bürgerlichen Gesellschaft, München 1991, S. 197

[26] vgl. Norbert Elias, Studien über die Deutschen, a. a. O., S. 27

[27] vgl. ebd., S. 28

[28] vgl. ebd., S. 23

[29] vgl. ebd., S. 259

[30] vgl. ebd., S. 405

[31] vgl. Georg Simmel, Die Selbsterhaltung der socialen Gruppe. Sociologische Studie, in: Jahrbuch für Gesetzgebung, Verwaltung und Volkswirtschaft im Deutschen Reich (Hrsg.: Gustav Schmoller), Neue Folge, 22. Jahrg., Heft 2, Leipzig 1898, S. 252; Max Weber, Wirtschaft und Gesellschaft. Grundrisse der verstehenden Soziologie, Tübingen 1976, S. 177 ff.

[32] vgl. Montesquieu, Vom Geist der Gesetze, Stuttgart 1984, S. 124; Alexis de Tocqueville, Über die Demokratie in Amerika, München 1974, S. 732; zu Tocquevilles Konzeption der Öffentlichkeit als Instanz der Integration vgl. Jürgen Habermas, Strukturwandel der Öffentlichkeit. Untersuchung zu einer Kategorie der bürgerlichen Gesellschaft, Darmstadt und Neuwied 1980, S. 163

[33] vgl. Georg Simmel, Die Selbsterhaltung der socialen Gruppe, a. a. O., S. 552 f.; ders., Soziologie. Untersuchungen über die Formen der Vergesellschaftung, Berlin 1968, S. 403 f.

[34] Georg Simmel, Die Selbsterhaltung der socialen Gruppe, a. a. O., S. 251

[35] Georg Simmel, Einleitung in die Moralwissenschaft. Eine Kritik der ethischen Grundbegriffe, Bd. 1, Aalen 1964, S. 192

[36] ebd., S. 192; vgl. ders., Die Selbsterhaltung der socialen Gruppe, a. a. O., S. 253; ders., Soziologie, a. a. O., S. 405

[37] vgl. Ludgera Vogt, Zur Soziologie der Ehre in traditionalen und modernen Gesellschaften, in: Grounded. Arbeiten aus der Sozialforschung (3. Jg.), Nr. 1, Hagen 1990

[38] Ein Rest davon zeigt sich auch heute noch am Beispiel ehrenamtlicher Tätigkeit. Vgl. hierzu: Eckart Pankoke, »Ehre« und »Engagement«. Zur Begriffsgeschichte des »Ehrenamts«, in: Friedhelm Guttandin (Hrsg.), Soziologie der Ehre, Studienkurs der Fernuniversität Hagen, Bd. 1, Hagen 1989, S. 120 ff.; zum Handwerker, der in sein Werk noch »Ehre« legt, vgl. Karl Mannheim, Über das Wesen und die Bedeutung des wirtschaftlichen Erfolgsstrebens. Ein Beitrag zur Wirtschaftssoziologie, in: ders., Wissenssoziologie, Neuwied/Berlin 1970, S. 669

[39] vgl. Georges Bataille, Kommunismus und Stalinismus, in: ders., Das theoretische Werk, Bd. 1, München 1975, S. 263; vgl. auch Franz Littmann, Duell und Verführung, in: Friedhelm Guttandin (Hrsg.), Soziologie der Ehre, a. a. O., S. 161

[40] vgl. Georges Bataille, Der verfemte Teil, in: ders., Das theoretische Werk, Bd. 1, a. a. O., S. 103

41 vgl. Johan Huizinga, Homo Ludens. Vom Ursprung der Kultur im Spiel, Reinbek bei Hamburg 1987, S. 109 ff.; ders., Herbst des Mittelalters. Studien über Lebens- und Geistesformen des 14. und 15. Jahrhunderts in Frankreich und den Niederlanden, Stuttgart 1975, S. 138

42 vgl. Pierre Bourdieu, Entwurf einer Theorie der Praxis auf der ethnologischen Grundlage der kabylischen Gesellschaft, Frankfurt a. M. 1976, S. 373

43 vgl. ebd., S. 373

44 vgl. ebd., S. 368

45 vgl. ebd., S. 337

46 vgl. ebd., S. 348

47 vgl. ebd., S. 350

48 vgl. ebd., S. 350. Auch Oskar Negt und Alexander Kluge, Geschichte und Eigensinn, Frankfurt a. M. 1981, S. 605 f., diskutieren das Thema »Ehre« in ökonomischen Kategorien: »Ehre als Zirkulationsgeld«, »Kollektivgeld«.

49 vgl. Pierre Bourdieu, Entwurf einer Theorie der Praxis, a. a. O., S. 371

50 Martin Aschenbrenner, Ueber das Verbrechen und die Strafe des Zweykampfes, Würzburg und Bamberg 1804, S. 34; vgl. auch: Stanislaus v. Korwin-Dzbanski, Krieg und Duell, Wien 1907, S. 14, S. 17, S. 19

51 vgl. Rudolph Gneist, Das Zweikampf und die germanische Ehre, Berlin 1848, S. 22

52 vgl. Friedrich d. Gr., Über die Gründe, Gesetze einzuführen oder abzuschaffen, in: ders., Die Werke, Bd. 8, Berlin 1913, S. 37/38

53 vgl. Michel Foucault, Überwachen und Strafen. Die Geburt des Gefängnisses, Frankfurt a. M. 1976, S. 63, S. 140

54 vgl. ebd., S. 64 f.

55 vgl. ebd., S. 70 f.

56 vgl. Anton Blok, Hinter Kulissen, a. a. O., S. 183

57 vgl. Carl Schmitt, Politische Theologie. Vier Kapitel zur Lehre von der Souveränität, Berlin 1979, S. 11 f.

58 vgl. Alvin W. Gouldner, Reziprozität und Autonomie, Frankfurt a. M. 1984, S. 87, S. 89 f.

59 vgl. ebd., S. 95

60 vgl. ebd., S. 100

61 vgl. Norbert Elias, Über den Prozeß der Zivilisation, a. a. O., Bd. 2, S. 104; Georges Bataille, Der verfemte Teil, a. a. O., S. 118; vgl. auch: Lawrence Stone, The crisis of the aristocracy 1558–1641, London Oxford New York 1965, S. 119 f.

62 vgl. Georges Bataille, Der heilige Eros, Darmstadt und Neuwied 1979, S. 59

[63] vgl. ebd., S. 60
[64] vgl. ebd., S. 60/61
[65] vgl. ebd., S. 61
[66] vgl. ebd., S. 63
[67] vgl. ebd., S. 72
[68] vgl. ebd., S. 70
[69] vgl. ebd., S. 58/59
[70] vgl. ebd., S. 72
[71] vgl. ebd., S. 73
[72] vgl. ebd., S. 69
[73] vgl. ebd., S. 193

Quellen

Die einführenden Texte und die Darstellung der Duellfälle stützen sich im wesentlichen auf folgende Quellen:

Bolgar, Franz von: Die Regeln des Duells. Wien 1928

Busson, Albert: Ritterlicher Ehrenschutz. Graz 1931

Das Duell in seinem Ursprunge und Wesen. Paderborn 1864

Die Conventionellen Gebräuche beim Zweikampf. Berlin 1874

Eis, Egon: Duell – Geschichte und Geschichten des Zweikampfes. München 1971

Elias, Norbert: Studien über die Deutschen. Frankfurt a. M. 1990

Engelberg, Ernst: Bismarck – Urpreuße und Reichsgründer. Berlin 1985

Erzberger, Matthias: Duell und Ehre. Paderborn und Würzburg 1913

Grimmelshausen, Hans Jakob Christoffel von: Der abenteuerliche Simplicissimus Teutsch. Berlin 1960

Hergsell, Gustav: Die Fechtkunst im XV. und XVI. Jahrhunderte. Prag 1896

Kohut, Adolph: Das Buch berühmter Duelle. Berlin 1888

Kügler, Dietmar: Das Duell. Stuttgart 1986

Lugs, Jaroslav: Das Buch vom Schießen. Prag 1968

Mader, Hubert: Duellwesen und altösterreichisches Offiziersethos. Osnabrück 1983

Ostwald, Wilhelm: Die zwei Seelen in unserer Brust. München 1908

Priester, Eva: Kurze Geschichte Österreichs. Wien 1949

Prokowsky, Dieter von: Die Geschichte der Duellbekämpfung. Diss., Bochum 1965

Puschkin – Ein Lesebuch für unsere Zeit. Berlin und Weimar 1988

Schuhmann, Otto von: Duell und Strafgesetz. Leipzig 1914

Schwentner, Bernhardt: Das Zweikampfdelikt im kanonischen Recht. Diss., Münster 1921

Scurla, Herbert: Wilhelm von Humboldt. Berlin 1985

Steinlein, Hermann: Das Duell – Sein undeutscher Ursprung und unsozialer Charakter. In: Die Schwarzburg. Berlin 1920

Vogt, Ludgera: Zur Soziologie der Ehre in traditionalen und modernen Gesellschaften. In: Grounded, Nr. 1, Hagen 1990

Vorberg, Axel: Der Zweikampf – Seine Berechtigung oder Verwerfung. In: Zeit- und Ewigkeitsfragen. Rostock 1913

Weißenberg, J.: Das amerikanische Duell. Diss., Breslau 1929

Weressajew, Vikenti: Puschkin – Sein Leben und Schaffen. Moskau 1987

Stieber, Wilhelm: Praktisches Lehrbuch der Kriminalpolizei. Leipzig 1983. (Reprint der Ausgabe von 1860)

Für wertvolle Hinweise sei Herrn Prof. Dr. jur. habil. Armin Forker, Leipzig, und Herrn PD Dr. phil. habil. Friedhelm Guttandin, Hagen, herzlich gedankt.

Abbildungsnachweis

Bibliographisches Institut, Leipzig: Pappenheim, Grimmelshausen, Casanova, Jackson, Puschkin, Lermontow, Heine, Dumas, Hinkeldey, Bismarck, Virchow, Bernhardt.
Deutsche Bücherei, Leipzig: Heinrich III.
Helikon Kiadó, Budapest: Rudolf von Österreich.
Sächsische Landesbibliothek/Deutsche Fotothek, Dresden: La Fontaine, Humboldt, Lassalle.
Die Abbildungen auf dem Schutzumschlag und auf den Seiten 3 und 23 wurden entnommen aus: Gustav Hergsell, Duell-Codex. Wien/Pest/Leipzig ^{2}1897.